Los 7 Secretos de GENTE SUPER PRODUCTIVA

Dennis E. Hensley

Los 7 secretos de gente super productiva

por Dennis E. «Doc» Hensley, PhD

ISBN: 978-1-942991-45-8

Publicado por

Editorial RENUEVO
www.EditorialRenuevo.com

Dedicatoria

Este libro está dedicado con cariño a mi hijo Nathan, como reconocimiento especial por lograr su título universitario de MBA en Iniciativa Empresarial en Ball State University. Es además para honrarlo por todo lo bueno que ha hecho y está haciendo como Infante de Marina en La Marina de los Estados Unidos, hombre de negocios exitoso y un amado miembro de familia.

Contenido

«Pocas personas a lo largo de su vida llegan cerca de agotar los recursos dentro de sí mismas. Hay muchos manantiales profundos de fuerza que permanecen sin uso.»

Almirante Richard E. Byrd

Yo siempre me sentí especial ... mi padre trabajaba en casa

¡Al igual que a mi padre, a mí me encanta ser súper productivo, no lo haría de ninguna otra manera!

Cuando me encontraba en casa e iba creciendo, podía ver a mi padre en cualquier momento que yo deseara, en verdad. Los padres de otros niños estaban fuera de casa todo el día, pero el mío no.

Por supuesto que había momentos en los que ni a mi hermano ni a mí no se nos permitía molestarlo, por lo que mamá, ingeniosamente, optó por poner una señal: era un círculo rojo en su puerta cuando él necesitaba estar solo; lo opuesto a esa señal era verde, dándonos así «paso libre» y la cálida bienvenida que nosotros atesorábamos. Aunque simplemente tenerlo ahí nos hacía sentir bien, independientemente del color del círculo. (Yo recuerdo con agrado entrar a su oficina y calladamente dibujar con sus lápices de colores).

Papá trabajaba complacido todas las horas del día y de la noche, pero siempre se levantaba de su escritorio para cenar con nosotros y debido a que él tenía su propio horario, nunca faltó a ninguna de las obras de teatro de la escuela o los conciertos. Siempre estaba ahí para nuestros cumpleaños, era líder en el grupo de muchachos jóvenes de mi hermano, e incluso participó en papeles de adultos en nuestras obras de teatro navideñas de nuestra iglesia.

Mi papá viajaba bastante—y la mayoría de las veces nos llevaba con él. Durante el año escolar, pasábamos los viernes en la noche en hoteles, en lugares donde él daba conferencias los sábados. Durante los veranos, eran viajes de una semana a Wisconsin, Florida y todos los puntos intermedios. Debido al trabajo de mi padre, yo viajaba mucho más que todos los chicos de mi edad. ¡Pensaba que eso era grandioso!

Ha pasado mucho tiempo desde aquel entonces. Ahora soy adulta, y he heredado muchas de las características relacionadas con la súper productividad de mi padre. Uso mi tiempo sabiamente. Me gusta ser organizada y disfruto de la soledad cuando estoy trabajando.

He desarrollado el mismo gusto por viajar, al igual que él, ya he estado en más de la mitad de los cincuenta estados y también varios países. Ahora, me encuentro llevando ese legado de enseñanza de mis padres a una generación futura, teniendo mi propia carrera docente. Al igual que a mi padre, ¡me gusta ser súper productiva y no deseo que hubiera sido de otra manera!

Con mis más cálidos deseos,
Jeanette Hensley

Las personas súper productivas son estrategas; hacen sus propios planes de juego en su vida. Siempre conocen el resultado también, ya sea en la patada de comienzo, el medio tiempo, o la parte final de juego. Nadie toma desapercibidos a aquéllos que son súper productivos. Siempre cuentan con el apoyo de un entrenador exitoso, mentor, líder, grupo de apoyo, personas en quien pueden depender y un sistema comprobado a seguir para poder aprovechar su camino hacia el éxito.

Las personas súper productivas viven vidas estupendas

Aplicar los secretos de las personas súper productivas le puede dar sentido a tu vida y proveer más seguridad y gozo para ti y tu familia.

Hola, me llamo Dennis y yo soy una persona súper productiva. Ahora bien, sólo porque no bebo alcohol, no fumo, no digo malas palabras o apuesto, no me lo tomes a mal.

No estoy diciendo esto porque piense que soy mejor que los demás. Yo simplemente estoy más ocupado que la mayoría. No tengo ni el tiempo ni la inclinación para los hábitos negativos; éstos solamente reducirían mi productividad y me distraerían de la calidad de mi vida.

Dado por hecho, tú puedes encontrar mucha gente que quizá ve mi vida y señala algunos de mis hábitos como algo extraños. Por ejemplo, rara vez duermo más de seis horas en la noche. Me rehúso a tomar vacaciones que duren más de cinco días. Soy eficiente y estoy enfocado en mis actividades de negocio, porque no me gusta perder el tiempo.

También tengo ciertas peculiaridades. Por ejemplo, casi nunca tomo un descanso para tomar café con mis socios, debido a que no estoy interesado en hacer nada que no sea productivo «solamente por lo que llaman diversión» ¡Mi trabajo es divertido!

Al igual que la mayoría, yo tengo puntos buenos y puntos malos. Pero soy diferente en un aspecto— yo usualmente logro en un año, lo que a otros les toma tres. ¿Por qué? ¡Porque soy una persona súper productiva y… me encanta!

Dejé el hogar de mis padres en 1970, cuando tenía 22 años, justo después de terminar la universidad. Desde entonces, he servido dos años en La Marina, he ganado cuatro títulos, me casé, me convertí en padre y ayudé a criar a dos niños. He escrito con avidez, incluyendo 150 cuentos cortos, más de 50 libros y más de 3.000 revistas independientes y artículos de periódico. He viajado a Asia, los Mares del Sur, Europa, El Caribe, a través de América y me convertí en dueño de propiedades para alquiler, así como también otros bienes inmuebles.

He sido conferencista invitado a más de 50 universidades, hice apariciones en muchos programas de entrevistas de radio y televisión y serví más de veinte años como diácono de iglesia y maestro de Escuela Dominical.

También he enseñado inglés y temas relacionados a nivel universitario por muchos años. Trabajé cuatro años como miembro de nivel superior en el Departamento de Relaciones Públicas en una universidad de valores tradicionales en el Medio Oeste de Estados Unidos y trabajé como columnista de personal para cinco revistas nacionales. Ahora soy Director del Departamento de Escritura Profesional, que yo mismo creé.

No te digo todo esto para jactarme, sino simplemente para señalar que a mí me encanta lograr cosas que tienen significado y valen la pena para mí. Ser una persona súper productiva es una fuerza poderosa en mi vida. Me da incentivo, dirección, propósito, impulso, ambición y espíritu competitivo amigable. Además, me da reconocimiento, me da seguridad financiera y me provee de todas las necesidades y cosas finas de mi vida y de mi familia.

Además, pienso que yo hago un buen trabajo y que soy un miembro valioso de la sociedad—contribuyo a ella. A mí me han dicho que mis artículos enseñan y entretienen, que mis conferencias dan esperanza y motivación. Como autor, pongo lo mejor de mí para compartir experiencias, nuevos enfoques y técnicas mejoradas. Según las opiniones que recibo, creo que yo estoy ayudando a otros.

Soy feliz con lo que soy y con lo que hago. A mí me han dicho que mi trabajo es honesto, útil y práctico—y apreciado por otros. Ser una persona súper productiva me ha permitido vivir una vida grandiosa y tú puedes hacerlo también.

El mundo necesita más personas súper productivas. Antes de la era de la alta tecnología y sociedad de gratificación instantánea, la habilidad de trabajar era algo admirado en una persona, incluso se esperaba. El Apóstol Pablo escribió en 54 DC que «aquel que no trabaja sería bueno que no comiera». Un milenio y medio más tarde, a inicios de los 1600, el capitán John Smith instituyó la misma ley cuando él y sus seguidores construyeron Jamestown, el primer asentamiento permanente inglés en Norte América.

Desde esta perspectiva, sin embargo, al menos

en algunos círculos, este estilo de vida básico de «trabaja-para-comer» se ha diluido. Entre más programas de ayuda social se ponen a disposición de la gente, hay quienes adoptan una continua filosofía «yo soy una víctima y merezco todo gratis».

Esta es la antítesis de la gente súper productiva que vive con enfoque de vida honesto y dedicado, que hace que todo sea un éxito, realización, significado y una diferencia como sea posible. Cualquier recaída o fracaso que tengan que enfrentar lo toman como una experiencia para aprender y una oportunidad para crecer y llegar a ser mejor. ¡Esas personas simplemente no se rinden!

La vida puede ser mejorada por aquéllos que no solamente se enrollan las mangas y se ponen a trabajar de forma honesta a cambio de lo que ganan, sino que además hacen más de lo que se espera de ellos, mejorándose a sí mismos y a otros. Sin embargo, donde quiera que la ética de trabajo se haya debilitado, la gente, las comunidades y las naciones sufren.

Como Charles Kendall Adams—autor, presidente universitario e historiador—dijo: «Nadie jamás alcanza el éxito inminente haciendo solamente lo que se espera de él, es la cantidad y la excelencia de ir más allá de lo que es requerido lo que determina la grandeza de la más alta distinción».

Las personas súper productivas, en lo individual, perseveran sin importar cómo. Son demasiado independientes para ser parte de un sindicato, por lo tanto, no pueden perder dinero debido a una huelga. Son demasiado ambiciosos para ser limitados por cuotas y metas impuestas por otras personas. En lugar de eso, fijan sus propias metas, las hacen más altas, salen y hacen lo que sea necesario para alcanzarlas y luego van y cosechan las recompensas y otros beneficios buenos que el logro de dichas metas provee.

Las personas súper productivas van más allá de simplemente cubrir sus «necesidades», lo cual es la condición ordinaria promedio de cada uno por el simple hecho de estar con vida. Fijan metas deliberadamente y son disciplinados trabajando hacia lo que anhelan lograr.

Las personas súper productivas son estrategas— hacen sus propios planes de juego en la vida. Siempre saben el resultado, ya sea en el inicio del juego, a medio tiempo o al final del juego. Nadie toma desprevenidas a las personas súper trabajadoras. Siempre cuentan con el apoyo de un entrenador exitoso, mentor o líder o grupo de apoyo; gente en quien pueden confiar y un sistema acreditado a seguir para poder dirigir sus pasos seguros hacia el éxito mayor.

Las personas súper productivas, aunque son personas que piensan bien las cosas y son de mente abierta, no permiten la persuasión de desviarse de su propio camino. Ninguna encuesta, moda, tendencia, persona negativa u opinión negativa los disuade de continuar persiguiendo su pasión. En lugar de eso, piensan por ellos mismos, se empeñan en hacer lo que sea necesario con tenacidad para alcanzar sus propias metas personales y profesionales.

Independientemente de a quienes sigan las masas y sin importar lo que quizás hagan, las personas súper productivas mantienen su enfoque en la visión, en la dirección personal y profesional. Ellos prosperan en la individualidad, en un nivel de influencia positiva o una posición de liderazgo, propósito o productividad. Las personas súper productivas son maestras de su propio destino.

La persona súper productiva no es aquella que dice «gracias a Dios que es viernes», porque un día es tan precioso, importante y potencialmente lleno de acontecimientos como el siguiente. La persona súper productiva está siempre «encendida», sin importar su trabajo o misión; el trabajo siempre está en su mente.

Cuando un reportero le preguntó al aclamado autor W. Somerset Maugham cómo había podido escribir tantas obras, historias cortas y novelas, cuando era sabido que él solamente pasaba tres horas al día trabajando, respondió: «Jovencito, yo escribo 24 horas al día y solamente escribo a máquina tres horas al día».

Los investigadores creen que solamente 1 de cada 20 personas es verdaderamente súper productiva —un cinco por ciento. Pero ser una persona trabajadora, agotada y desgastada no es lo mismo que ser persona súper productiva. Clérigos y siquiatras escuchan confesiones de las "llamadas" personas súper productivas que, en realidad, nos son más que llorones desorganizados. Desafortunadamente, esos individuos son los primeros—y con frecuencia los más ruidosos—que se quejan de sus condiciones traumatizantes y a veces eso es presentado falsamente como resultado de ser altamente productivos.

Sin embargo, una persona que es genuinamente súper productiva nunca visitaría a un consejero para quejarse del trabajo que él o ella está haciendo. Esa persona haría todo lo contrario a sentarse en un sillón a medio día, cuando podría estar utilizando ese tiempo para ser súper productiva. Personas súper productivas tienen cierto sentido de responsabilidad y urgencia para lograr sus objetivos y aman lo que hacen. No se consideran víctimas de las circunstancias.

El trabajo nos ayuda a definir nuestro sentimiento de autoestima. Si creemos que estamos haciendo un buen trabajo y que somos apreciados por otros, naturalmente nos vamos a sentir bien con nosotros mismos; es decir, vamos a tener un sentido positivo de autoestima, pero existen muchas razones por la cuales las personas súper productivas pueden ser vistas de una manera negativa, debido a que algunos tienden a menospreciar o criticar a quienes son más exitosos que ellos.

Sí, lo creas o no, los celos existen y por desgracia, pueden conducir a comentarios negativos de personas menos ambiciosas en relación al estilo de vida y los patrones de trabajo de la gente honesta, trabajadora y súper productiva. Ellos son una especie tan rara, que a veces se les ve como personajes sospechosos. Esto puede conducir a una desconfianza injustificada, e incluso tal vez acoso—hasta que la consistencia y los beneficios del fino carácter y éxito de la gente súper productiva demuestren a los escépticos que estaban equivocados y terminan ganándose a los escépticos.

El mundo necesita más personas altamente energéticas, desinteresadamente ambiciosas y con una gran ética de trabajo. Aunque los críticos reprimen esta verdad «preocupados» de que las personas súper productivas están padeciendo de tensión nerviosa, eso es simplemente su percepción basada en el temor de que ellos mismos podrían convertirse en personas súper productivas si trabajaran de manera diligente. El problema es que quizás ellos no están haciendo algo que sea significativo y gratificante para ellos.

Su llamada preocupación, con frecuencia enmascara su propia pereza y al mismo tiempo, sirve como una excusa porqué ellos mismos no son productivos. Mientras que ellos entienden que generalmente la gente se identifica con la clase de trabajo que hace, quizás no se den cuenta que la gente súper productiva da un paso más.

Las personas súper productivas sienten una gran satisfacción por hacer su trabajo bien y saborean sus logros—entre más, mejor.

Piensa cómo las presentaciones se hacen a menudo. Después de que alguien sabe tu nombre, usualmente pregunta: «¿En qué trabajas?» o «¿Dónde trabajas?». Esta es la razón por la cual algunas personas se sienten aisladas después de que se jubilan. Han sido separados de su trabajo o negocios, la identidad de su vida.

No importa lo mucho que bromeemos o reneguemos de esto, hacer trabajo productivo y significativo es bueno para nosotros. Es medicina que no se puede tomar en píldora; nos da una gran sensación de propósito y un sentimiento de logro de nuestros sueños, metas y objetivos; mientras que mejora nuestra vida y hace una gran diferencia.

No poder lograr el ingreso que te gustaría en tu trabajo puede ser el resultado de no asumir mucha responsabilidad; pero asumir mucha responsabilidad, puede causar que hagas a un lado las prioridades de tu vida y causarte a ti y a tus seres queridos un gran daño.

Qué tal lo que es cierto para uno de cada tres trabajadores, quizás simplemente ya no disfrutas tu trabajo. Ganar el ingreso que deseas y lograr seguridad financiera, libertad, reconocimiento y el respeto que deseas, solamente puede resultar de ser una persona súper productiva. Nada puede refutar eso.

Este libro presenta un contraargumento para aquellos que adoptan la idea de que ese trabajo constante y desafiante es algo negativo y debe evitarse. Vamos a explorar ese mito.

Vas a aprender cómo puedes trabajar a un ritmo increíble y aun así mantener una salud excelente, disfrutar de tu cónyuge y tu familia, ser respetado en alguna área, así como también en tu comunidad y ser feliz por lo que eres, lo que haces y en lo que te estás convirtiendo como resultado. Tú sabrás que estás en el camino correcto.

Desafortunadamente, algunas personas están tan preocupadas y en realidad llegan a aborrecer tanto su trabajo o algún aspecto del mismo, que eventualmente se convierten en un manojo de nervios. No le pueden decir no a nadie, no se pueden relajar y tienen temor a «dar el ancho» en algunos estándares oscuros que creen que otros han puesto para ellos. Muy parecido a los drogadictos o alcohólicos, necesitan ayuda. No son normales y sufren.

Trabajadores apurados a punto de un colapso nervioso no pueden ser personas súper productivas.

Aplicar estos secretos de personas súper productivas puede darle mucho significado a tu vida y te brindará más seguridad y gozo para ti y tu familia.

Al ser éste el punto de enfoque de este libro, vas a aprender cómo ser una persona súper productiva y vas a poder tener todos los beneficios de serlo. Te va a ayudar a lograr una observación cuidadosa de tu propia ética de trabajo y nivel de productividad.

Si tu ética de trabajo no es tan fuerte como te gustaría que fuera, este libro te puede ayudar a desarrollarla. Si no estás feliz con tu nivel actual de productividad y los resultados que has estado obteniendo en la vida hasta hoy en día, aprenderás las recomendaciones y técnicas para mejorar esas áreas.

Examinaremos los rasgos de personas súper productivas y porqué gravitan hacia carreras que no son asalariadas. Éstas pueden incluir comisiones, ventas directas, mercadeo de relación o ventas de referencia personal, intercambio social o de venta, comercio social o de persona a persona, escritura independiente, asesoría, virtualmente todos son negocios en casa y, en general, la posesión de un negocio.

Además, vamos a considerar algunos de los comentarios publicados acerca del estrés, si éstos son verídicos como dicen serlo acerca de las capacidades limitadas de las personas para trabajo sostenido.

Además, vamos a explorar maneras en las cuales tú puedas mantener tu nuevo ritmo establecido— sin sacrificar ningún aspecto importante de tu familia, tus compromisos sociales, comunitarios y religiosos.

Si estás en la etapa de la vida donde quieres lograr más, ganar más y ser más necesitado, apreciado y respetado; entonces este libro podría ser una guía que te ayude a conducirte hacia la salida de cualquier tormenta o situación en la que puedas encontrarte.

Trabajar por años haciendo algo tedioso, ganando dinero solamente para pagar las facturas, es un desperdicio del potencial humano—pregúntale a cualquiera que haya trabajado treinta y cinco años en un trabajo aburrido, estresante e insatisfactorio.

Mientras que es posible que sea necesario comenzar en un trabajo sencillo con el salario mínimo o temporalmente trabajar en algo que no te gusta para poder pagar tus facturas, trabajar a largo plazo por dinero es una experiencia superficial, frustrante e infeliz.

Es demasiado fácil estar ocupado y en quiebra, emocionalmente o de otra manera, no importa en el campo donde estés, pero trabajar con la intención de avanzar tú mismo y para alentar a otros y contribuir a la sociedad, va a tener un efecto positivo en ti y en quienes estén a tu alrededor. Existe una gran diferencia entre simplemente estar ocupado y ser una persona súper productiva.

Hay un proverbio antiguo que dice: «Aquel que ara y ara y nunca planta semilla, no obtendrá cosecha».

Este libro demuestra cómo sembrar la semilla del liderazgo, cómo trabajar acertadamente, práctica empresarial, relaciones humanas y mucho más; lo que crecerá y dará fruto cuando lo alimentes de manera consistente. Invierte el tiempo máximo y energía en ti mismo y en tus objetivos para producir la mayor cantidad del fruto posible que puedas y vas a animar la experiencia de tu vida. Eso es lo que hacen las personas súper productivas.

La persona súper productiva a simple vista

- Alegre
- Amable
- Autoactualizada
- Autocontrolada
- Basada en la integridad
- Camina en fe
- Con ambición desinteresada
- Con ganas
- Confiada
- Cooperativa
- Disciplinada
- Efectiva
- Eficiente
- Empática
- Energética
- Enfocada
- Entusiasta
- Feliz
- Generosa
- Habilidad con la gente
- Honesto
- Humilde
- Ingeniosa
- Innovadora
- Inspirada
- Justa y balanceada
- Motivada
- Optimista
- Organizada
- Orientada a las metas
- Orientada al propósito
- Orientada hacia otros
- Persistente
- Piensa hacia el futuro
- Positiva
- Pragmática
- Proactiva
- Responsable
- Segura
- Servicial
- Siempre aprendiendo y creciendo
- Un jugador en equipo
- Un líder compasivo
- Un trabajador dedicado
- Uno que logra sus sueños
- Uno que toma iniciativa
- Útil
- Valiente
- Vencedor de retos
- Visionaria

Ten aspiraciones tan grandes que nunca estarás aburrido

La pérdida más grande de nuestros recursos naturales es el número de personas que nunca logran su potencial. Sal de ese carril lento. Cámbiate al carril rápido. Si piensas que no puedes, no vas a poder. Si piensas que puedes, hay una gran posibilidad de que lo hagas. Incluso hacer un esfuerzo va a lograr que te sientas como una nueva persona. Las reputaciones son hechas mediante la búsqueda de cosas que no se pueden hacer y hacerlas.

«¡Sin aspiraciones, vas a estar aburrido. Ten aspiraciones y vuela alto!

Wall Street Journal/UTC Inspirational

El Primer Secreto

Desarrolla el arte de trabajo

Las personas que realmente se dedican al trabajo que les interesa y hacen más de lo que hace la persona promedio, son más propensos a cosechar grandes recompensas.

Por varios años yo trabajé como jefe de editores para una revista para graduados de una universidad pequeña del Medio-Oeste. De vez en cuando, el consejo de editores y yo encuestábamos a nuestros lectores para descubrir qué era lo que más les gustaba de nuestras publicaciones—nuestra portada, artículos, reportajes especiales, las fotografías que presentábamos, nuestros reportajes de deportes y nuestros anuncios.

Los resultados de estas encuestas siempre regresaban a nosotros con la misma respuesta abierta, expresado de una u otra forma: «Mi sección favorita de su revista es la última página, donde están impresas las noticias de los ex–alumnos».

Yo he hablado con docenas de editores de otras revistas universitarias y me han contado que sus encuestas generan la misma respuesta. ¿Por qué sucede esto? La gente simplemente quiere saber lo que sus viejos amigos han logrado en la vida y se enteran de las contribuciones que han hecho hasta entonces. Tal vez esto les inspira a hacer más de lo que ya han hecho.

Si tienes el hábito de leer las secciones de noticias de ex-alumnos o si alguna vez has comprado uno de esos folletos «¿Dónde están ahora?» en tus reuniones de clase de escuela secundaria, probablemente ya hayas descubierto algo interesante. Aunque todos los que están en la lista tuvieron un inicio similar (la misma edad, se graduaron el mismo año y tuvieron los mismos maestros) no hay dos que hayan terminado con vidas idénticas, mucho menos logros idénticos.

De los dos muchachos que fueron capitanes adjuntos del equipo de fútbol americano, uno de ellos es dueño de un exitoso negocio y el otro es jornalero. De las dos chicas que se graduaron con las calificaciones más altas de la clase, una de ellas es estrella de cine y la otra es guardia de tráfico de medio tiempo. De tus amigos más cercanos, uno es vicepresidente de una compañía de computadoras, mientras que el otro se convirtió en maestro de piano.

¿Por qué existen estas diferencias en cuanto a los resultados? ¿Por qué existe esa tremenda variación en el nivel de éxito? ¿Por qué existe tanta diferencia de logros?

Claro, todos tus amigos quizás estén trabajando y se mantienen e incluso sirven a la sociedad en profesiones útiles, pero ¿por qué algunos de ellos han podido conseguir riqueza, gran influencia y libertad personal, mientras que para otros parece como si se hubieran quedado en trabajos de rutina y en la racha de la vida ordinaria sin nada especial? Cada uno de ellos tiene diferente actitud hacia el trabajo, así como también hacia ellos mismos y eso es lo que en gran parte ha formado su destino.

Todos queremos ser exitosos, mientras que muchos van más allá de eso—nosotros queremos ser influyentes. «Cada ser humano con un deseo saludable de vivir tiene un impulso natural que va más allá de su simple necesidad de sobrevivir», dice el psicoterapeuta internista y autor más vendido de *The Will To Live*, (El deseo de vivir) Dr. Arnold A. Hutschnecker, MD, quien vivió hasta la edad de 102 años. Él también dijo: «Se trata de un impulso, el querer desarrollar todo el potencial inerte que su coraje lo permita y un deseo de ganar reconocimiento que le impulsa a dar al mundo lo que él ha recibido de éste y posiblemente más».

Sin embargo, cumplir este impulso requiere estar comprometido a trabajar duro. La saga familiar es la historia de quienes tienen grandes logros— gente que estaba convencida de que podría lograr cualquier cosa que se propusiera. Nosotros siempre admiramos a las personas que se enrollaba las mangas, se atrincheraban a hacer lo que fuera necesario y lograban lo que parecía imposible.

Independientemente de lo que cualquiera pueda decir, como lo dijo el Dr. Hutschnecker, «...la cultura de hoy establece una prioridad alta en los logros. La necesidad de sobresalir es un proceso que está condicionado y profundamente arraigado en nosotros desde la niñez. La filosofía de "triunfar" es evidente como una fuerza que impulsa a una sociedad que ha acuñado la frase "el cielo es el límite"».

Entonces, por lo tanto, eso es que muchos estudian a sus ex-compañeros de clase y colegas actuales con interés intenso. Están ansiosos por saber a quién le está yendo bien y a quién no. Muchas veces, desafortunadamente, por hacer esa comparación, ellos también se están posicionando y juzgándose a ellos mismos—posiblemente humillándose.

La tradicional ética de trabajo de los innovadores hace la vida más fácil

En un sistema de libre empresa, nuestro éxito es mayormente determinado por nuestra visión o sueños y el trabajo que dedicamos a nuestras carreras, negocios y profesión. Por ejemplo, entra por la puerta del museo Henry Ford en Greenfield Village que se encuentra en Dearborn, Michigan y examina la enorme fotografía en la pared.

Sentados en un círculo, en un campamento, se encuentran tres amigos: el fabricante de llantas Harvey Firestone, el inventor Thomas Edison y el creador de autos, Henry Ford. Aunque todos habían sido muchachos con recursos limitados, los tres tenían una capacidad personal asombrosa para trabajar duro y de manera inteligente, lo que los llevó a todos ellos a convertirse en magnates industriales, cada uno de ellos valiendo billones.

Las personas súper productivas del pasado, como las antes mencionadas, tenían el deseo por tener éxito e influencia como mucha gente desea. Ellos sabían lo que querían y trabajaron duro, con dedicación y pasión para conseguirlo. Gracias a sus esfuerzos, todos nosotros llevamos mejores vidas. Estos hombres se dieron ellos mismos en el proceso, hicieron más por el mundo, de lo que ellos quizás imaginaron y fueron inmensamente recompensados por su visión, por tomar el riesgo, y por su dedicación.

Ray Kroc es otra persona súper productiva del pasado que ayudó a que nuestras vidas fueran más fáciles. Mientras que viajaba por todos lados vendiendo máquinas para hacer batidos de leche a restaurantes, descubrió la pequeña cadena de tiendas, McDonalds Brothers. Dándose cuenta del potencial como franquicia, añadió la automatización, estandarización, y disciplina a las operaciones y se convirtió en el presidente de la corporación en 1955.

Con una visión más amplia que la de los hermanos, en 1961, Kroc les compró el negocio y construyó la cadena de restaurantes de comida rápida número uno en el mundo. La ética de trabajo de Kroc nos permitió conseguir comida fácil, rápida, conveniente y asequible para todos. Esta dedicación lo recompensó, no solamente con una carrera satisfactoria y fortuna, sino que le permitió convertiste en un filántropo, especialmente a través del establecimiento del sistema Ronald McDonald.

Hoy en día, los industrialistas—como los que han abandonado la universidad, Steve Jobs, co-fundador de Apple, Michael Dell, fundador de la compañía de computadores Dell, Larry Ellison, Co-fundador de Oracle, Bill Gates, co-fundador de Microsoft, y Elon Musk, fundador de Tesla Motors, cuyo primer auto eléctrico fracasó y el fundador de Space-X, cuyos tres primeros cohetes fallaron, y Jeff Bezos, fundador de Amazon y magnate de e-commerce, quien fue menospreciado cuando comenzó la compañía— son grandes ejemplos de personas súper productivas.

Además, los magnates de los medios de comunicación, Oprah Winfrey, quien nació pobre y J.K. Rowling de la fama de Harry Potter, quien una vez vivió del bienestar social, son también ejemplos notables del gran éxito al que puede conducir una fuerte ética de trabajo.

Luego están los íconos profesionales de deportes que muchos de nosotros hemos reverenciado y nos encantaría ser tan reconocidos y bien pagados al igual que ellos. Pero ¿cómo llegaron a esas posiciones elevadas? Poniendo el extraordinario esfuerzo que es requerido para ser una persona súper productiva. Ellos participan rigurosamente en el área que han escogido, haciendo lo que les encanta hacer, hacer que los sueños se vuelvan realidad y establecer records, muchos de ellos, haciendo una gran diferencia por medio de la filantropía.

Sin embargo, al hacer sus grandes contribuciones, éstas y muchas otras personas súper productivas, de forma inadvertida hicieron o están haciendo algo sutil, pero potencialmente perjudicial a individuos sin una fuerte ética de trabajo.

Por ejemplo, mientras que es muy emocionante apoyar a un equipo de deportes favorito o a una persona, personas que no son súper productivas pasan demasiado tiempo sentados pasivamente como espectadores, viendo a otros tener éxito. Ya sea en un estadio o tribuna o sentados cómodamente en sillas suaves, taburetes o en mesas, observando, consumiendo bebidas alcohólicas, comiendo, ellos solamente están viviendo a través de los íconos de los campos de juego y pistas de carreras del mundo.

Mientras que las innovaciones han hecho y continúan haciendo más que nunca que sea más fácil vivir, sobresalir, tener éxito y disfrutar la vida; éstas pueden estropear la productividad para aquellos que abusan de ellas para distracción, provocándose a sí mismos lograr menos de lo que de otra manera lograrían.

Desafortunadamente, muchos han llegado a ser adictos a los juegos de la tecnología, sin importarles echar a perder tiempo precioso, dinero y energía que de otra manera podrían utilizar para aumentar su productividad y habilidad para mejorar sus vidas.

Quizá, de igual manera, podrían estar consumiendo demasiadas calorías en restaurantes de comida rápida, los cuales fueron creados para ahorrar tiempo, pero han hecho que sea mucho más fácil subir ese peso agobiante y volverse más lento y poco saludable, reduciendo su productividad. Muchos también usan la ventanilla de autoservicio, perdiéndose de la oportunidad de salir de su auto y ejercitarse y caminar hacia dentro y afuera del restaurante. Llegar a estar y mantenerse en buen estado físico contribuye no solamente a la súper productividad, sino al bienestar en general.

Vehículos, aviones, Internet, computadoras, dispositivos móviles, aplicaciones, la nube, HD, TV, DVDs, Blue-rays, MP3, Pandora, libros electrónicos, lectores, máquinas que ahorran mano de obra y otras innovaciones que han sido contribuciones de personas súper productivas, han hecho que sea más fácil y cómodo viajar, comunicarse, estar entretenido, estar informado, educarse, comprar productos y lograr cosas, y aparte los disfrutamos.

Lo arriba mencionado nos ha permitido una revolución en diseño, ingeniería, fabricación, publicidad, creación de datos e información, recuperación y almacenamiento; así como también comunicación instantánea, negocios y comercio. Hoy en día es más fácil que cualquier persona sea súper productiva, siempre y cuando tenga la tecnología apropiada para hacerlo.

Las personas innovadoras y súper productivas han hecho y continúan haciendo todo para inventar, desarrollar y fabricar productos para mejorar nuestras vidas. Ellos han hecho que nuestros vehículos sean más seguros y más cómodos que nunca, equipándolos con bolsas de aire para salvar vidas y otras medidas de seguridad para protección en contra de choques, también ofrecen sistemas de navegación (GPS) así como también acceso a Internet.

Esos son solamente algunos ejemplos de cómo los avances en tecnología han mejorado nuestras vidas para que no tengamos que trabajar tan duro como las generaciones pasadas lo tenían que hacer para ir a algún sitio, obtener y compartir información y hacer las cosas.

¿Qué pasó con la ética tradicional de trabajo?

Durante los años 50 y 60, comenzó a surgir una

nueva actitud de tener una vida que fuera lo más fácil posible. Después de los tiempos difíciles de la Depresión y los sacrificios que las personas hicieron durante la II Guerra Mundial, algunas de las frases que muchos padres comenzaron a expresar con frecuencia comenzaron a plantar las semillas de la actitud que se tiene en estos tiempos modernos.

Ejemplos de esto incluyen: «Va a ser mejor para mis hijos. Ellos no tienen que trabajar de la manera que yo lo hice. Ellos van a obtener educación. Ellas van a tener "la vida buena"». Aparentemente esos padres creyeron que a sus hijos les iría mejor si no tenían que batallar.

Pero desafortunadamente, esta idea les negó a los chicos aquello que les podría haber ayudado a enfrentar, lidiar y superar los obstáculos de la vida. Esos padres no se dieron cuenta, incluso hoy en día no se dan cuenta, que los obstáculos son lo que los hace más fuertes. Cuando uno se enfrenta a un reto, es cuando tiene la oportunidad de crecer y mejorar en la vida.

Algunos niños fueron mimados cuando se les daba algo por el simple hecho de verlo en la tienda e hicieron berrinche hasta que sus padres cedieron y compraron el artículo. Luego cuando sus hijos crecieron, muchos comenzaron a sentirse con derecho a tener incluso más de lo que deseaban, especialmente al observar lo que otros chicos tenían.

Los chicos que no tuvieron que ganar dinero para comprar ropa, juguetes, artículos para pasatiempos y deportes, libros y revistas o cualquier otro artículo que querían o deseaban, inconscientemente aprendieron que podían tener esas cosas sin ser ni siquiera un poco productivos. Mientras que la mayoría de los chicos, de manera adecuada, se les dieron dichos artículos en su cumpleaños o días festivos, a algunos les dieron como recompensa en el tiempo de entrega de calificaciones escolares por obtener buenas calificaciones. Ciertos niños incluso obtuvieron lo que deseaban en cualquier momento, simplemente pidiéndolo.

Muchos padres consienten a sus hijos porque quieren ser su mejor amigo, creyendo que esto puede suceder complaciéndolos, lo cual es incluso más común hoy en día, pero la debilidad de los padres al hacer eso no gana el respeto de los niños, el cual solamente puede ser ganado siendo fuertes, reforzando las reglas, ejercitando autoridad, siendo líderes de la casa. Como dice la expresión, «la cola no mueve al perro». Los niños no tienen que gobernar las raíces ¡ese trabajo les pertenece a los padres!

Si los padres aceptaban las demandas de los hijos, se les percibía como una presa fácil y fácilmente les faltaban al respeto puesto que los chicos sabían que no habría consecuencias significativas. La falta de control de parte de los padres condujo a los hijos a estar fuera de control. En realidad, necesitaban amor firme y límites, así como también pasar necesidad si no trabajaban para ganar dinero para ciertas cosas que necesitaran.

Si se les negaba la asignación de dinero, ropa y zapatos nuevos, en algunos casos un carro, o no estaban seguros si el dinero para su educación universitaria sería provisto, algunos muchachos gemían y se quejaban. Argumentaban que todos sus amigos obtenían eso de sus padres.

Mientas que muchos de los que crecieron en los años 50 y 60 durante la explosión de natalidad (baby boomers) y desde esas décadas, les fueron dadas cosas sin que tuvieran que trabajar por ellas, así como también fueron mimados; otros no. Algunos trabajaban cuidando niños, hacían otros trabajos eventuales en el vecindario, tales como quitar nieve, cortar la grama o quizá entregar el periódico en alguna ruta y ganar su propio dinero para comprar las cosas que querían. Algunos incluso compraban sus propios zapatos, ropa, bicicleta y otros hacían diferentes contribuciones para ayudar a la familia financieramente, además de ahorrar dinero para la universidad.

Esos chicos, mientras que parece que tuvieron una niñez difícil, en realidad se les estaba poniendo en ventaja al tener que lidiar y crecer por medio de los retos. A ellos les criaron con más oportunidades para aprender a abrazar la ética del trabajo tradicional.

Actitudes y hábitos tales como la disciplina, ingenio, austeridad, dar valor al dinero, poner el trabajo antes que la diversión, resistencia, relacionarse bien con los demás, formar carácter y otras habilidades, les dieron a esos chicos una base sólida para vivir una vida exitosa. Algunos incluso pagaron toda su colegiatura o quizás hicieron algo extraordinario, ya sea en deportes o en lo académico, para ganar becas. Esos chicos eran más propensos a llegar a ser personas súper productivas sin sentir que tenían los derechos a recibir bienes sólo porque existieran.

Los chicos que crecieron en los años de los 50 y 60, sin haberles inculcado un sentimiento de autoresponsabilidad y ética de trabajo sólida, eran más propensos a tener una actitud de rebeldía y hacer marchas de protesta cargando algún cartel de protesta. Algunos de ellos dañaron las instalaciones universitarias, quemaron tarjetas de reclutamiento militar, se dejaron crecer el cabello, consumían alcohol y se drogaban, tenían bajas calificaciones escolares y reprobaban, faltaban el respeto a los oficiales de la ley, incluso unos pocos huyeron a esconderse en comunas y otros países.

Las personas súper productivas, sin embargo, no son propensas a participar en esa clase de actividades destructivas o basadas en la voluntad de la muchedumbre. Ellos están ocupados estudiando, aprendiendo, creciendo personal y profesionalmente; haciéndose cargo y de manera responsable haciendo lo que sea necesario para construir sus propias vidas, carreras, negocios y organizaciones de manera exitosa, mientras sirven a otros. Ellos no siguen a la multitud; son líderes. Entienden que su éxito depende de lo que hacen y de la manera en que alientan a otros a que actúen.

Luego están aquellos que—son incluso más numerosos hoy en día—abandonaron la escuela secundaria, no se graduaron de ninguna carrera técnica o escuela de comercio o que no podían pagar la universidad y no deseaban hacer el esfuerzo para ganar su propia colegiatura, alojamiento y comida. Todos ellos tuvieron que enfrentar la realidad de trabajar en un empleo con bajo salario, trabajo que no exige ninguna destreza, e incluso peor, terminaron viviendo de la ayuda del programa de bienestar social.

También aquellos que se graduaron de la universidad, pero no desarrollaron una ética de trabajo sólida estaban en desventaja clara. Muchos de esos muchachos no han vivido (o no están viviendo) vidas muy gratificantes y son infelices, culpan a otros, a la economía o al gobierno de su triste situación, en lugar de hacerse cargo de sus vidas y hacer que las cosas sucedan.

Sin embargo, algunos que no asistieron a la universidad o abandonaron la escuela, pero realmente se aplicaron con una sólida ética de trabajo que aprendieron cuando eran niños, quizás a través de un oficio o persiguiendo una pasión, llegaron a construir su propio negocio exitoso o carreras, y les va muy bien a ellos y a sus familias.

Además de todo lo arriba mencionado, en 1966, un sistema nacional de tarjetas de crédito fue puesto en marcha, permitiéndole a la gente comprar lo que deseara sin tener el dinero para pagar por ello.

Luego en 1987, fue expandido a un punto donde los pagos podían efectuarse a través del tiempo en lugar de que fueran efectuados esos cargos al final de mes.

Mientras que las tarjetas de crédito nos han provisto de una manera conveniente y fácil para comprar cosas, poniendo gratificación instantánea al alcance de las manos de todos; han logrado que sea muy fácil involucrarse en enormes deudas de intereses altísimos o incluso irse a la bancarrota.

Luego también, el comercio electrónico, en conexión con los dispositivos móviles, el crecimiento del uso de tarjetas de crédito, la habilitación de teléfonos que permiten el comercio electrónico con menos contacto, ha hecho que sea más fácil que nunca abrumarse con el impulso de comprar y la acumulación de deudas y la miseria que lo acompaña. ¡Esto se refleja en la deuda de la tarjeta de crédito de la familia promedio que excede $15.000!

Agrega a esto el balance del préstamo estudiantil promedio de cerca de $32.000; préstamo promedio de auto de más de $30.000 y el pago promedio de la deuda de la hipoteca que se acerca a los $150.000. Esto deja en claro que la mayoría de las personas son esclavos de sus acreedores. Además, es decepcionante saber que 40 por ciento de la población tiene menos de $500 en ahorros.

Pero ¿por qué ha ocurrido esto?

Hoy en día, a demasiados chicos no les importa en lo más mínimo ganar dinero para pagar algo por sí mismos y quizá estén recibiendo una cantidad sustancial de compensación (¡casi como recibir bienestar social!) evitando la necesidad de trabajar. Ellos saben que papá, y típicamente mamá, tienen trabajos o negocios; así que incluso si sus padres les dicen lo contrario, los niños, más que nunca, esperan que los padres les paguen sus necesidades. ¡Para aquellos que están encaminándose a la universidad, todavía les quedan cuatro «grandiosos» años más … siempre y cuando no tengan que pagar por ello!

Por lo tanto, ¿qué ganaron los padres y los hijos que ignoraron la ética profesional tradicional? ¿Dónde están ahora? Ya bien entrados en el siglo 21 y desafortunadamente la actitud de que tienen derechos ha empeorado, hasta el punto que es la norma para demasiadas personas que ahora son adultas. En lugar de ser responsables, ingeniosos, independientes, enfocados en la ética profesional y lo suficientemente flexibles para sobrevivir y prosperar por su propia cuenta, hay un número sin precedente de jóvenes que han vuelto a casa a vivir con sus padres.

Según la encuesta reciente de Gallup, esos jóvenes

representan cerca del 50 por ciento de los que tienen de 18 a 23 años y más del 14 por ciento de 24 a 34. Continúan siendo dependientes de sus padres como si todavía fueran niños.

Mientras que esto les ahorra dinero, les impide crecimiento, ingenio, independencia, y éxito cuando llegan a ser adultos. Sus padres, aunque sin duda, tenían buenas intenciones, no ayudan a su descendencia a madurar y llegar a ser miembros maduros en la sociedad que experimentan y manejan los altibajos de la vida por su propia cuenta.

Sin embargo, aquellos que se han aplicado e hicieron lo que era necesario para mejorar su educación, laboraron en un trabajo decente y administraron un negocio que disfrutaban y se costearon su vida independiente de la de sus padres, mientras sobresalían en su trabajo, se han dado ellos mismos la mejor oportunidad para vivir vidas estupendas.

En resumen—¡Es hora de volver a la ética profesional tradicional, la cual es esencial para el éxito!

Los adultos que nunca aprendieron ética profesional desde niños o la han dejado y han ido en decadencia conforme pasan los años, se han causado un atraso y son más propensos a vivir una vida no productiva, infeliz, insatisfecha, sin sentido o al menos vidas no deseadas. Esos que dependen de las donaciones, especialmente por un largo período de tiempo, sin importar la fuente, no solamente son carga para la sociedad productiva en general, sino que también se causan un perjuicio para ellos y sus familias. ¡Su llamado «viaje gratis» les cuesta caro, dañándolos en lugar de ayudarlos!

Un estudio que duró cinco años, realizado en el Reino Unido, siguió a un grupo de padres solteros para ver si la ayuda gubernamental podría ayudar a los pobres. A primera vista el hallazgo va a parecer increíble a algunos, pero no va a ser sorpresa para las personas súper productivas.

Con el grupo de control que consistió en personas que no tenían un trabajo bien remunerado y padres desempleados que no recibían ayuda, el grupo de estudio recibió incentivos de trabajo libre de impuestos y asesoramiento laboral. Mucho después de que había terminado la ayuda, los individuos a quienes se les daba ayuda reportaron niveles más bajos de bienestar, no estaban tan felices con sus vidas, estaban preocupados de su situación financiera y eran más propensos a estar endeudados. ¡Esto se mantuvo a pesar de que ellos terminaron con «ingresos» más altos que los grupos que no recibieron ayuda. «Ayudar» a estas personas en realidad fue hacerles daño!

Basado en el trabajo del economista John Ifcher de la Universidad de Santa Clara, los mismo sucedió en Estados Unidos después de que la reforma de bienestar social redujo el número de beneficiarios. Él concluyó que, «los pobres prosperan cuando dejan de recibir ayuda del bienestar social y van más allá de la dependencia del gobierno».

Durante una entrevista del New York Times, el escritor Dr. Martin Seligman, siquiatra de renombre de la Universidad de Pennsylvania, a quien muchos consideran el Padre de la Sicología Positiva, dijo: «Nosotros descubrimos que incluso cuando la gente obtiene cosas que no han ganado, como ganar monedas de cinco centavos que salen de las máquinas tragamonedas, esto no aumentó los bienes de las personas, más bien produjo impotencia. La gente se rindió y se volvió pasiva».

El Dr. Brian Fikkert, autor y profesor de economía en Covenant College, dice que «ser pobre significa mucho más que simplemente no tener dinero; es un estado que está relacionado con "estar siempre en la quiebra". Un cambio sostenible para las personas en el nivel de pobreza no viene de afuera para dentro, sino de adentro para afuera.»

En un artículo del periódico New York Times,

el escritor Arthur Brooks del American Enterprise Institute, dijo: «lograr éxito significa definir tu futuro de la manera como lo imaginas y lograr éxito en base a los méritos y trabajo duro. Te permite medir la "ganancia" de tu vida de la manera que quieres, ya sea en dinero, creando música bonita o ayudando a las personas…»

Brooks también compartió que «la conexión entre lograr éxito y satisfacción en la vida está bien establecida por los investigadores. La encuesta General Social de la Universidad de Chicago, por ejemplo, revela que las personas que dicen que se sienten "muy exitosas" o "completamente exitosas" en su trabajo, tienen doble probabilidad a decir que son muy felices, que las personas que se sienten "de alguna manera exitosas". No importa si tienen más o menos ingresos; las diferencias persisten.»

Entonces, ¿cómo se puede definir mejor la ética profesional?

Se trata de una creencia en el beneficio moral e importancia, valor y mérito del trabajo y su habilidad inherente para fortalecer el carácter. En el espíritu de ser personas súper productivas, desarrollar destrezas personales y profesionales, correr el riesgo por nosotros mismos, preocuparnos por los demás, aprender de los retos y los fracasos y, en general, hacer lo que sea necesario para crecer y mejorar nuestra situación en la vida, mientras alentamos a otros a hacer lo mismo.

Como dijo Jeff Bezos, fundador de Amazon: «Yo sabía que si fracasaba no me iba a arrepentir de eso, pero sabía que la única cosa de la que me arrepentiría sería… [el no haberlo hecho]. Si decides que vas a hacer solamente las cosas que van a salir bien, vas a dejar muchas oportunidades sobre la mesa».

Tener estas cualidades hace que las personas tengan mayores fortalezas, mientras que tienen mejor oportunidad de ponerse en la posición más alta con más responsabilidades y pago más alto. También incrementa la posibilidad que puedan ser exitosos como empresarios, innovadores, dueños de negocios. Las personas que operan bajo la ética profesional tradicional, son personas que empiezan por sí solas y hacen que las cosas sucedan.

Afortunadamente, hay señales de que la ética profesional está experimentando un resurgimiento, a medida que la sociedad crece y se muestra cansada de observar los malos resultados y la idea y comportamiento de que las personas tienen derecho a tener algo sin trabajar por ello.

Según una encuesta de Ipos/Reuters, cerca del 20 por ciento de los empleados alrededor del mundo, trabajan desde el hogar, haciendo uso frecuente de la Internet, correo electrónico y teléfono. Ellos trabajan desde su hogar o de alguna otra manera fuera de la oficina, usando teléfonos, dispositivos móviles, correo electrónico, mensajes de texto, comunicación en línea y es posible que interactúen de lejos con su empleador por medio de sistemas de computadoras.

Con menos trayecto para viajar a diario se reduce el estrés, aumenta la retención mental del empleado y también la productividad, así como también la provisión de una vida laboral más balanceada y más felicidad. Esto ha provocado que a las personas que les tocaba viajar a su trabajo, ahorren tiempo no productivo que de otra manera hubieran tenido que pasar en la carretera yendo hacia la oficina y de regreso a casa. Además, les da más flexibilidad y control sobre sus vidas, idealmente para que puedan trabajar cuando se sienten más productivos o cuando no tienen compromiso de otra índole. Otra de las ventajas para los empleados es que ellos ahorran espacio de oficina, muebles y equipo.

Millones también están comenzando a crear su propio negocio, ya sea tradicional, franquicia o en el hogar, incluyendo ventas directas y empresas afiliadas. Muchas de estas personas participan en asesoría personal y profesional, así como desarrollo por medio de un programa continuo de educación que consiste en seminarios, audios, videos, seminarios en-línea, teleconferencias, libros, manuales, materiales de apoyo que ofrece la compañía matriz o la organización de líderes.

Estos programas, los cuales son conducidos por líderes que se preocupan, enriquecen la vida, no solo beneficiando a los involucrados, sino además a sus empleadores, mientras que aquellos que construyen su propio negocio continúan trabajando en sus trabajos, con frecuencia están creciendo y convirtiéndose en mejores empleados en el proceso. Es una situación donde se gana o se gana. Otra ventaja de tener fuerte ética profesional.

Todos estos son pasos positivos hacia le dirección correcta. Pero un gran número de personas sin discapacidad siguen inapropiadamente dependiendo directa o indirectamente de los programas de gobierno. En lugar de contribuir a la sociedad mientras que se sostienen a sí mismos y a sus familias, ellos dependen de las personas súper productivas y de otros para que paguen su recorrido. A ellos se les ha olvidado, o quizás, nunca han sabido, cómo trabajar fuerte y ser independiente no importando las circunstancias.

Afortunadamente, sin embargo, hay un gran número de personas que trabajan y son inteligentes, mantienen respeto por sí mismas y control sobre sus vidas a medida que cumplen su objetivo. Son personas súper productivas. Están dedicadas a disfrutar su trabajo, y como resultado vivir mejor vida.

«¿Lo disfrutan?» preguntarás.

Sí, así es. No solamente están disfrutando lo que están haciendo, sino también están ayudando al avance de la sociedad. Es un sistema grandioso.

«Pero ... pero he escuchado que personas que trabajan mucho son neuróticas», dirán algunos de ustedes.

Tal vez estés consciente de las afirmaciones hechas por algunos que dicen que quienes trabajan muchas horas están mentalmente enfermos, adaptándose a la vida o participando en alguna fantasía para escapar ... y cualquier cantidad de descripciones negativas.

No obstante, de lo que ellos están hablando en realidad es extremismo o aquéllos a quienes debería llamárseles adictos al trabajo—esos que son frenéticos y están muy fuera de balance—afectando su matrimonio, la vida de sus familias, su salud y su bienestar, debido a que están demasiado obsesionados con el trabajo. Esto no es bueno.

No estoy negando que dicha condición pueda desarrollarse. Mi argumento es, sin embargo, que señalar de manera negativa a aquellos quienes trabajan mucho es erróneo, incorrecto e injusto. Cada persona exitosa que conozco o de quien he leído o escuchado, es súper productiva. Cualquiera que los menosprecia, sería mejor que cambiara su actitud y los imite. Quizás los celos y la holgazanería estén provocando su crítica hacia esas personas de alto rendimiento. Después de todo ¿quién no quiere ser exitoso?

Mi padre fundó tres empresas—un laboratorio de ojos artificiales, una empresa de lentes de contacto y una empresa de anteojos tradicionales—y era presidente de las tres compañías simultáneamente. Yo te garantizo que él no lo hizo viendo televisión o pasando el tiempo y aun así, hacía tiempo para ser nuestro líder de scouts, entrenador de nuestro equipo de béisbol, estaba encargado de un fondo para el cuidado de huérfanos de la iglesia y servía como presidente del club local Optimist Club. Él era una persona súper productiva, bien balanceado, bien organizado, pero no desenfrenado.

John Drake, autor y consultor de ética profesional, describe perfectamente al trabajador frustrado de hoy en día. Él dice que estas personas trabajan para alguien más; él o ella es alguien que nunca sale de la oficia a tiempo y quien guarda sentimientos increíbles de ira en su interior. Drake confiesa que este era su propio perfil hasta que renunció a su trabajo en recursos humanos de una firma gigantesca de asesoría, se mudó a Maine y comenzó su propio negocio.

Sí, ser una persona súper productiva para alguien más puede ser bastante frustrante. No le da la oportunidad al trabajador de controlar las cosas, incrementar su ingreso personal hasta cierto punto o ayudar, influenciar, o estimular a otros con la magnitud que lo puede hacer un empresario expansivo o un dueño de negocios.

Esto no quiere decir que trabajar duro para alguien más es, de por sí, algo malo, pero francamente, yo también hubiera renunciado al trabajo de Drake y me hubiera ido a comenzar algo propio. Yo lo admiro por retirarse valientemente y hacer eso, justamente como a muchos otros les gustaría hacerlo.

Aquellos que califican como personas súper productivas probablemente se sienten de la misma manera que yo me siento. Ellos creen en la ética profesional tradicional. La creencia fundamental es que el trabajo duro es bueno para el individuo, su familia y la sociedad en la cual se desenvuelven y a la que contribuyen.

Según el artículo de 24/7 Wall St.: «Los trabajadores más (y menos) satisfechos», donde hicieron una entrevista a Dan Witters, Director de Investigaciones para Gallup-Healthways Well-Being Index, «... muchos de los trabajos con más horas, incluyendo doctores ... abogados ... ingenieros ... y dueños de negocios, tienen los niveles más altos de bienestar ... más horas que se traducen a un ingreso más alto ... [el cual] en las mismas posiciones ... tiene una muy alta correlación con bienestar.

«Empleados de fabricación y producción ... eran menos propensos a sentirse satisfechos en su trabajo y ... como los trataba su supervisor. Muchos de estos trabajos son de bajo salario ... [estos] empleados se posicionan entre los que tienen el comportamiento menos saludable en la nación, debido a los elevados índices de consumo de tabaco y el poco ejercicio físico.»

Lo que vemos aquí es que las personas súper

productivas que disfrutan su trabajo y tienen un bien ingreso experimentan la vida con un mayor nivel de bienestar. Sin embargo, la persona que trabaja en un trabajo monótono con bajo salario está más propensa a estar insatisfecha, infeliz, sin contentamiento, y no saludable, tanto física como mentalmente.

La clave para hacer buen trabajo y ser una persona súper productiva es sentirse satisfecho en el trabajo y las claves para la buena salud y la felicidad también están ligadas a la satisfacción laboral.

¿Cómo sabemos si estamos o no satisfechos con nuestro trabajo? Si nuestro trabajo nos permite ganar un cheque lo suficientemente grande para emular a las personas que vemos en TV, en-línea y en anuncios de revistas, ¿no implica eso que nosotros también estamos satisfechos?

Las personas en estos anuncios parecen estar satisfechas y como conducimos la misma clase de vehículo, tomamos las mismas medicinas, tomamos la misma marca de café, usamos los mismos dispositivos móviles y usamos los mismos relojes, ropa, y zapatos, ¿no deberíamos estar satisfechos como ellos parecen estarlo? ¡Pues bien, si piensas que es así, hay una propiedad frente al mar en Arizona de la que me gustaría darte una buena cotización!

No, la satisfacción en el trabajo no se puede medir simplemente por un pago. Las variables que lo determinan son tan diversas de persona a persona que solamente tú puedes juzgar por ti mismo qué tan satisfactorio es el trabajo para ti. Para determinar esto, resume analíticamente lo que es tu ocupación. El cuestionario de «análisis de carrera» que se presenta abajo servirá como punto de partida. Tú puedes pensar en hacer preguntas más personales para agregar a la lista a medida que avanzas.

Analizando tu potencial—para lograr el éxito

Las siguientes 17 preguntas te van a ayudar a iniciar una evaluación seria de dos aspectos: tú y tu actitud hacia tu carrera o negocio—ya sea que trabajes para alguien más o por tu cuenta—y tu desarrollo personal y profesional.

1.	¿Te mantienes actualizado en tu área?	**Sí / No**
2.	¿Esperas y planeas para el cambio?	**Sí / No**
3.	¿Aceptas críticas constructivas?	**Sí / No**
4.	¿Tienes ética profesional?	**Sí / No**
5.	¿Eres un trabajador disciplinado?	**Sí / No**
6.	¿Tomas decisiones usando tu sentido común?	**Sí / No**

7. ¿Continúas expandiendo tus habilidades personales y profesionales? **Sí / No**

8. ¿Eres seguro en todo lo que haces? **Sí / No**

9. ¿Mantienes un estado de salud excelente? **Sí / No**

10. ¿Tienes ética en tus prácticas de negocio? **Sí / No**

11. ¿Te respetan tus colegas? **Sí / No**

12. ¿Tienes un plan de negocios o carrera desarrollado que respalde la seguridad de tu familia a largo plazo? **Sí / No**

13. ¿Estás haciendo uso de todos los recursos y herramientas disponibles para avanzar tu carrera y tu negocio? **Sí / No**

14. ¿Te retas a ti mismo de manera constante con sueños, metas y objetivos más grandes? **Sí / No**

15. ¿Has aprendido qué clase de incentivos te estimulan a trabajar más fuerte y de manera más inteligente? **Sí / No**

16. ¿Puedes manejar presión enfrentando retos y luego vencerlos de una manera sistemática? **Sí / No**

17. ¿Vives dentro de tus posibilidades? **Sí / No**

Si contestaste sí a nueve de las preguntas, estás en el término promedio; si dijiste sí a doce o más, estás en el camino correcto para crear y disfrutar una vida en carrera o negocios. Sé honesto contigo mismo y vas a aprender porqué quizás no estés poniendo extra esfuerzo en tu trabajo estando a la altura de tu potencial de rendimiento.

Algunas veces tal vez descubras que te falta motivación, que no tienes sueños, metas y objetivos lo suficientemente grandes. Eres demasiado complaciente para darlo todo o ya no te gusta tu trabajo. Todos estos son retos «curables», pero antes que te esfuerces para hacer la reparación de las partes individuales, primero evalúa el todo; es decir, tu concepto básico de ética profesional.

Se requiere un ética profesional personal para mejorar la vida

Tal como se mencionó anteriormente, «ética profesional» es una creencia en el beneficio moral y la importancia, valor y mérito del trabajo y su habilidad inherente para fortalecer el carácter.

Más allá de eso, incluye ser fiable, tomar iniciativa, desarrollar destrezas personales y profesionales, apostar por uno mismo, preocuparse por los demás, aprender de los retos y los fracasos y en general, hacer lo que sea necesario para crecer y vivir una vida mejor mientras alentamos a otros a hacer lo mismo.

Obviamente es ético hacer un buen trabajo y ser compensado adecuadamente por ello, pero aceptar un pago completo por un trabajo mal hecho o un negocio poco correcto como engañar o robar no es ético. Aceptar compensaciones por un esfuerzo mediocre, describir engañosamente la manera en qué se invierte el tiempo, acortar la cantidad o producto de inferior calidad, pone a la persona en posición de estafador hacia el empleador o cliente. Pero, ¿has pensado alguna vez cómo sería hacerle también trampa al tramposo?

Considera esta antigua fábula árabe…

Tres jinetes cruzaban el desierto una noche cuando se extraviaron en el camino. Llegaron al cauce de un río seco y comenzaron a cruzar, cuando una voz desde la oscuridad anunció firmemente, «¡Deténganse y desmonten!» así que cuidadosamente los jinetes desmontaron sus caballos.

La voz, entonces, ordenó meter la mano en el cauce del río y desenterrar unas piedras y colocarlas dentro de las alforjas. Cada uno de los hombres alcanzaron y recogieron unas piedras, siguiendo las órdenes.

La voz, en ese momento, anunció: «Ahora,

váyanse. Mañana cuando recuerden este evento, va a ser el momento tanto más triste como el más feliz de sus vidas».

Los jinetes volvieron a montar y continuaron su camino. En la madrugada llegaron a un oasis donde bebieron agua y se lavaron. Sintiéndose refrescados, fueron a tirar las sucias piedras fuera de sus alforjas. ¡Para su sorpresa, descubrieron que milagrosamente las piedras se habían convertido en diamantes!

Los hombres saltaron de alegría y comenzaron a danzar extasiados. Luego, de repente, uno de los hombres se detuvo. Su rostro se ensombreció. Levantó la mano para pedir silencio y dijo: «¿Por qué estamos tan contentos, hermanos? ¡Somos unos necios! Anoche tuvimos la oportunidad de recoger muchas libras de piedras. Pudimos haber llenado nuestras alforjas. En lugar de eso, nos conformamos con estas pocas piedras en nuestras manos. Hemos perdido la oportunidad de volvernos ricos más allá de toda comprensión».

Esta fábula tiene mucho que decir acerca de nuestra vida y trabajo. Las personas que realmente se entregan al trabajo que les importa y hacen más de lo que hace la persona promedio, son los que están más propensos a cosechar grandes recompensas. Las personas súper productivas siempre están desenterrando tantas «piedras» como pueden, por medio de la lectura, el estudio, trabajando horas extras, explorando para descubrir nuevos negocios, reuniéndose con personas o ayudando a otros; lo cual, a medida que el tiempo transcurre, se convierte en «diamantes»—tal como el crecimiento personal, avance profesional, expansión de negocio, reconocimiento público, ganancia financiera y mucho más.

Este impulso natural, este afán de trabajar de todo corazón primero para colocarse en posición de recibir recompensas más adelante, se deriva de la ética profesional que define el valor natural del trabajo. Mientras analizas tu actitud hacia tu carrera o tu negocio, y a ti mismo, considera tu ética profesional en forma personal.

Quizás siempre hayas asumido que tenías un entendimiento de tu ética profesional, pero éste quizás no sea enteramente el caso. En lugar de eso, tal vez solamente estás asumiendo. Sigue adelante y toma un momento ahora para escribir qué es lo que realmente crees que sería un rendimiento *honesto* y justo de trabajo.

Después de eso, define lo que sería para ti un

trabajo *respetable* o buen negocio que te permitiera contribuir mejor a la sociedad, mientras haces que tus sueños, metas y objetivos se vuelvan realidad. Después de eso, explica la mejor manera de evaluar y determinar tu trabajo.

Finalmente, haz una nota de las oportunidades disponibles para ti que te ofrecen la posibilidad de cumplir los estándares de la ética profesional que acabas de fijar. Ahora completa las siguientes cuatro oraciones.

Establecer tu propia ética profesional

Puedes hacerlo completando estas oraciones:

1. Para mí, trabajo *honesto* es trabajo que...

2. Para mí, trabajo *respetable* es trabajo que...

3. Para mí, trabajo *valioso* es trabajo que...

4. Para mí, mi carrera o mi negocio me *ofrece*...

Habiendo establecido una ética profesional personal, enseguida vas a comenzar a practicar a vivir de acuerdo a ella o sobresalir en esa área. En el momento que comienzas a hacer esto, habrás dado el primer paso hacia la vida de súper productividad. Las cosas que logres van a ser obras de arte simbólicas... habrás desarrollado un arte de trabajo.

Viviendo una vida realmente gratificante

Las personas parecen ser competitivas, quieren ser «la estrella» de la reunión de clase y desean tener «una buena vida» para ellos y su familia. Desafortunadamente, muchos se han olvidado de que esto requiere trabajo duro—enfocado, sostenido, el hacer lo que sea necesario sin importar el esfuerzo de persistencia. ¡Vivir una vida realmente gratificante y lograr libertad financiera no es gratis!

En la generación de mis padres, había más énfasis en general hacia el trabajo duro, pero cuando se lograron más avances tecnológicos a disposición de la sociedad, la gente se volvió más cómoda, distanciándose de la necesidad básica de trabajar fuerte. Esta flojera ha resultado en desafíos sociales y económicos.

La solución para estos desafíos radica en renovar la ética profesional en todo el mundo, empezando contigo y conmigo a nivel personal. Cuando nosotros la renovemos para nuestro servicio, vamos a destacar un ejemplo para que otros lo emulen.

¡Así que comencemos!

Sí. Trabaja de 9 a 5 para sobrevivir. Pero recuerda, es lo que haces después de las 5 en actividades sin compensaciones o propiedad de negocios hacia tu objetivo lo que te permite crecer, prosperar y hacer una diferencia más grande. Tú puedes elegir pagar el precio del éxito o vas a pagar, en efecto, un precio más alto por mediocridad o fracaso.

El Segundo Secreto

Elige compensación no salarial o ser dueño de negocio

El trabajo que no se basa en un salario o ser dueño de tu propio negocio te ofrece más variedad, flexibilidad y autonomía, así como mayor potencial que la mayoría de los trabajos.

Probablemente has escuchado esta frase: «Un ciego guiando a otro ciego». Permíteme demostrarte cómo esto probablemente sea tu caso si no estás completamente comprometido a tu independencia como trabajador con comisión o dueño de negocio.

En la historia corta de Jack London: «The Stampede to Squaw Creek» (la estampida a Squaw Creek) él da una visualización gráfica de cómo un ciego puede guiar a otro ciego a la destrucción. La historia de London toma lugar en Yukon durante la Gran Fiebre del Oro de 1898. Literalmente, miles de hombres habían llegado al extremo norte en busca de riqueza en los campos de oro, pero solamente unos pocos se habían convertido en reyes de bonanza. No obstante, cada vez que un hombre encontraba una rica veta de oro, estimulaba a los otros miles de ingenuos, los cuales querían convertirse en ricos de la noche a la mañana, a quedarse y seguir buscando.

Ya muy entrada una noche, Smoke Bellew, un explorador de Dawson, recibió una noticia de que habían descubierto oro en Squaw Creek, lugar que estaba a varias millas al norte del pueblo. Instantáneamente, Bellew corrió a su cabina y despertó a su compañero. Le pidió que se vistiera pronto, para que de esa manera pronto pudieran escabullirse fuera del pueblo, llegar a Squaw Creek y reclamar derechos antes de que se corriera la voz acerca del reciente descubrimiento.

Los dos hombres corrieron a la orilla del pueblo, solamente para descubrir que la noticia del descubrimiento se había extendido como incendio forestal. Cientos de hombres cargando picos, palas y antorchas iban en forma de cadena en larga fila dirigiéndose hacia Squaw Creek. Seguían a Louis Gastell, un nativo de la región, porque él podía romper el rastro incluso en la oscuridad.

Bellew y su compañero también se pusieron en la fila y aunque el aire ártico cortaba sus rostros, entumecía sus manos y dedos de los pies y enfriaba sus pulmones, ellos continuaban con pasos adelante. A medida que avanzaba el día, Bellew y su compañero vieron a una mujer que se había caído a través del hielo y estaba en el agua fría. Dejaron la fila, se detuvieron para rescatarla y se quedaron a encender un fuego, pero el retraso le permitió a todos los demás cazadores a adelantarse por millas. Su oportunidad de alcanzarlos y establecer reclamo o derecho del sitio había desaparecido.

En ese momento, la mujer finalmente reveló su identidad. Ella era Joy Gastell, hija de Louis, el hombre que iba abriendo camino. Ella les dio a Bellew y a su compañero una noticia impactante. Después de todo su padre no iba hacia Squaw Creek y, de hecho, él nunca había dicho que iba hacia allá. Simplemente había salido de Dawson y fue seguido por todos los novatos que le vieron.

Sin embargo, el viejo Louis iba caminando en dirección equivocada. Él quería asegurarse de que sus amigos, los viejos exploradores de Dawson, tuvieran tiempo de llegar a Squaw Creek y de esa manera, pudieran demarcar los mejores sitios para ellos mismos. Más tarde, cuando Bellew regresaba a Dawson, pasó por los cuerpos de docenas de participantes que habían muerto congelados y que habían sido guiados al lugar equivocado y habían seguido ciegamente a un extraño ... simplemente porque todos los demás habían hecho lo mismo. Habían seguido al líder equivocado y habían muerto, todo ese tiempo pensando que estaban yendo en dirección a la riqueza garantizada.

Este escenario nos hace preguntarnos muchas cosas: ¿Por qué ninguno de ellos tuvo la visión independiente suficiente como para usar una brújula y un mapa y decir: «¡Eh! esta no es la dirección correcta»? ¿Por qué los hombres no llevaron consigo comida, cobijas, fósforos y carpas, en lugar de llevar solamente equipo para cavar? ¿Por qué nadie dijo: «Si la muchedumbre está yendo a ese riachuelo, no es esta mi gran oportunidad para llegar a un área diferente y ser el primero en descubrir oro ahí»?

Nadie se preguntó algo tan simple y esto es lo que hace la historia tan real, tan vívida. Las personas con frecuencia actúan de esa manera en varias áreas de su vida. La mayoría quiere que alguien más forje el camino, mientras que ellos están contentos siguiendo de cerca. Te vas a encontrar a esas personas en las líneas de ensamblaje y las grandes fábricas, todos vestidos de la misma manera y todos haciendo exactamente lo que la persona que está delante de ellos está haciendo—yendo rápidamente hacia ningún lugar. Tú los puedes encontrar en un sinnúmero de trabajos, todos haciendo una tarea similar, siguiendo al líder que está al principio de la «línea».

Las personas súper productivas comienzan como seguidores conscientes, aprendiendo acerca de lo que tienen que hacer dentro del negocio y el sistema del que forman parte. Ellos se desarrollan personal y profesionalmente mientras aplican lo que están aprendiendo y luego ellos se hacen cargo, convirtiéndose en líderes de o dentro de organizaciones o empresas.

Las personas súper productivas tienen necesidad de individualidad, libertad de expresión y oportunidades para ser lo suficientemente innovadores para cambiar e iniciar cosas. No pueden ocultar sus rasgos. Incluso si se requiere que vistan el mismo uniforme que otros, te darías cuenta que tienen su propio estilo y es siempre peculiar. Es por eso que muchas personas que son súper productivas no son limitadas por un salario con un tope o una descripción de trabajo con paredes y techo.

Para las personas súper productivas, lo más maravilloso de tener comisión base o ser dueños de negocio, franquicia o cualquier otra clase de personas que tiene su propio negocio, es que siempre hay algo más que *quieren* hacer.

Un asistente administrativo tiene deberes prescritos; un cartero tiene una ruta que cubrir; un trabajador de fábrica tiene que completar un turno que tiene su valor monetario; un conductor de camión tiene que entregar envíos en un tiempo asignado. Un empleado tiene obligaciones que *debe* realizar y un horario pre-establecido o número de horas que tienen que trabajar para poder mantener ese trabajo. Todos ellos están intercambiando tiempo por dinero.

Las personas súper productivas aman los logros

Sin embargo, las personas que tienen negocio propio o no ganan un salario base pueden elegir lo que quieren hacer y pueden cambiar su elección y metas o trayectoria en la vida, si así lo deciden.

A las personas súper productivas les encanta trabajar y lograr cosas; les gusta ver resultados. Son personas que hacen lo que sea necesario y están apasionadas con lo que hacen y prefieren trabajar antes de relajarse, sentarse y tomarse todo a la ligera. Hacen su trabajo antes de decirse a ellos mismos: «Ya es suficiente; me he ganado el derecho de tomar un descanso». Debido a que ellos son su propio patrón, ellos eligen lo que están listos para hacer.

William Glasser, MD, uno de los pioneros del estrés, piensa de la misma manera que yo: que las personas súper productivas sobresalen en los negocios porque quieren lograr más que otras personas. El Dr. Glasser llama a esto «adicción positiva». Él dice que «ellos ganan … y algunos ganan en grande…» Son adictos al trabajo emocionante e independiente.

En una definición más precisa, sobre el impulso de las personas súper productivas, el Dr. Glasser explica: «Una adicción positiva es algo que la gente elige hacer, física y mentalmente. Creen que eso tiene algún valor para ellos y es algo que pueden hacer por ellos mismos». Es el deseo de hacerse cargo de su destino lo que atrae a las personas súper productivas que tienen trabajo donde no ganan un salario y son propietarios de negocio.

Otros investigadores apoyan la teoría de que las personas súper productivas tienen una adicción positiva para tener éxito y logros. La escritora Mary Alice Kellogg apunta: «Una cualidad importantísima separa a los que actúan de los que simplemente se mueven de lugar a lugar—la necesidad de *logros*.

Dichas personas tienen que lograr algo y les impulsa una necesidad intensa de ser alguien. Impulso es lo más importante en las innumerables cualidades que se necesitan para tener *logros*. El impulso es un hambre peculiar para ampliarse uno mismo, para probarse uno mismo constantemente, para sobresalir. Por lo tanto, el impulso es el punto de partida».

Kellogg sostiene que debido a que las personas súper productivas tienen este tremendo impulso, no pueden estar empaquetadas en una situación de empleo asalariado. Deben tener la libertad de ampliar los límites y fijar sus propios límites de éxito. Como dice ella: «Algunos de estos jóvenes exitosos ... ya sea que se excedan trabajando o no, a todos genuinamente les gusta trabajar duro y se sienten incómodos cuando no lo están haciendo. Mantenerse activos sin hacer avances simplemente no está en su naturaleza.»

Las personas súper productivas van más allá de los «estándares establecidos»

La discusión anterior va en contra del concepto que tiene la sociedad de que se requiere trabajo para ser exitoso—las 40 horas de trabajo a la semana— lo que ha sido aceptado desde hace mucho tiempo como un estándar de productividad. La mayoría de las personas han sido guiadas a creer que además de obtener una buena educación, todo lo que necesitan hacer es laborar en un trabajo 40 horas a la semana para tener éxito, pero eventualmente descubren que no les gusta la situación en la que los ha colocado el seguir esta tendencia. Así que la mayoría simplemente lo racionaliza pensando: «Eso es lo que hacen todos los demás».

¡Bueno, no todos!

Por ejemplo, considera que hay 168 horas en una semana (24 x 7). Si duermes ocho horas al día, eso toma 56 horas. Si pasas 40 horas en tu trabajo y dos horas viajando de ida y vuelta, eso te da un total de 106 horas. Resta las106 horas planeadas del total de 168 horas y vas a descubrir que te quedan 62 horas a la semana para hacer lo que tú elijas.

Eso es bastante asombroso, ¿no es así? Eso quiere decir que si tienes dos trabajos de tiempo completo de 40 horas por semana, sigues teniendo las ocho horas al día para dormir y todavía tener 22 horas para hacer lo que te plazca. Las personas súper productivas ven esto y se dan cuenta de su potencial.

«¿Por qué?» se pregunta él o ella «debo estar conforme con sólo 40 horas de esfuerzo productivo porque alguien más dice que eso es adecuado? No, yo creo que me voy a salir de esa pista, revisar los mapas de mi propia vida y carrera, así como brújulas de negocio e iluminar mi propio camino. ¡Yo no voy a seguir a nadie más en la dirección equivocada!»

El trabajo de 40 horas a la semana es típicamente para la persona común que no es súper productiva. Con frecuencia intentan mitigar el dolor de su trabajo o algún aspecto de éste navegando en Internet, enviando correos electrónicos desmesuradamente, enviando mensajes de texto y hablando por teléfono con familia y amigos, usando tiempo de manera no productiva en las redes sociales. Muchos además ven horas y horas de televisión, leen constantemente novelas románticas o de suspenso y ven películas o deportes, alegando que no tienen tiempo para lograr sus sueños, metas y objetivos personales y profesionales.

Llevan a cabo la mayoría de estas actividades no productivas para distraerse y entretenerse, pero el resultado es que están pasando el rato y desperdiciando lo que de otra manera podría ser utilizado como tiempo productivo. Simplemente pasan el tiempo en lugar de invertirlo y ser productivos; malgastan un tiempo precioso en lugar de darle uso para su mayor provecho.

Dos de cada tres trabajadores están tan aburridos,

con tensión nerviosa, insatisfechos con su situación de trabajo, que participan en el predominio de actividades no productivas en un esfuerzo por «escapar», pero evadir el problema es simplemente enmascararlo. Quizás haga sentir bien a un trabajador, pero solamente es temporal. Cuando regresan al trabajo, es lo mismo de siempre — más o menos. Sentimientos negativos hacia el trabajo, especialmente a largo plazo, pueden conducir a las personas a la ansiedad y depresión.

Muchas personas que, por el contrario, les gusta e incluso les encanta su trabajo, pueden llegar a desalentarse por varios factores. Esto puede incluir beneficios inadecuados, compañeros de trabajo poco agradables, condiciones de trabajo injustas, un jefe desconsiderado, plan de pensión raquítico o falta de uno y la incertidumbre de que no van a ser ascendidos de posición o que van a ser trasladados a otro lugar o que van a perder su trabajo. A ellos también les gustaría una mejor situación que los pudiera conducir a mejorar sus vidas, pero para que esto suceda, necesitan enfrentar la realidad y lidiar con ella de una u otra manera.

Por lo tanto, ¿cuál es la respuesta?

La mejor medicina para el malestar de trabajo es hacer un trabajo que tenga significado para ti, mientras que mantienes un horario súper productivo donde estés trabajando hacia el logro de un sueño anhelado, una meta, un objetivo o simplemente para mejorar la situación de tu vida.

Así que, ¿cómo puedes determinar qué trabajo puede tener más significado para ti? Comienza por contestar estas cuatro preguntas importantes, manteniendo en mente cómo puedes hacer una gran diferencia por medio de servir a otros:

1. ¿Por qué estás aquí?

2. ¿Para qué estás viviendo?

3. ¿Qué te gustaría hacer o lograr?

4. ¿Qué tan comprometido estás con esto?

Una vez que comienzas a poner tu corazón y tu alma en el trabajo que tiene significado para ti, empezarás a sentirte más feliz y como resultado puedes llegar a ser más exitoso. Como lo dice el Dr. Seligman:

«No hay atajos hacia la felicidad. Mientras que una vida placentera puede traer más emociones positivas a la vida de alguien, para fomentar una felicidad más profunda y duradera, tenemos que explorar el área del significado.

»Sin el desarrollo de las fortalezas únicas de una persona y el perfeccionamiento de las virtudes hacia un fin más grande que uno mismo, el potencial de uno tiende a ser cercenado por la búsqueda del placer vacío, mundano e incierto.»

Sí. Trabaja de 9 a 5 para sobrevivir, pero recuerda: es lo que haces después de la 5 en actividades donde no hay compensación monetaria o propiedad de negocio hacia tu objetivo lo que realmente te permite crecer, prosperar y hacer una diferencia mayor. Tú puedes elegir pagar el precio por el éxito o vas a pagar automáticamente un precio más alto por mediocridad o fracaso.

Como las personas súper productivas saben, involucrarse en el trabajo es una gran medicina en contra del aburrimiento, depresión, ansiedad y fatiga mental. Entre más trabajan, mejor tiende a ser su estado de ánimo, su salud y la visión de la vida. Las personas súper productivas están tan ocupadas siendo personas productivas que no tienen tiempo para estar aburridas o deprimidas.

Excepto en casos raros de desequilibro químico, la depresión y la ansiedad son condiciones que atraemos hacia nosotros de forma inadvertida. Puede ser a través de nuestra propia actitud negativa de nosotros mismos, de otros y de nuestro ambiente, así como también de la manera como vemos el mundo, nuestra perspectiva, dieta no saludable, falta de ejercicio adecuado y horas de dormir, alguna forma de pérdida u otra elección dañina, hábitos y comportamientos.

Con base en el artículo publicado en *Psychology Today*, (Psicología de Hoy) titulado: «La ciencia demuestra que tú puedes morir de aburrimiento, literalmente», los investigadores descubrieron que los trabajadores entre 35 y 55 años que fueron encuestados... «reportaron estar muy aburridos [y] tenían 2,5 veces más probabilidades de morir de problemas del corazón que aquellos que no reportaron estar aburridos». Es muy doloroso que este aumento de la tasa de mortalidad sea tan alto, a la par con el de aquellos que fuman, así como también aquellos que están obesos, tienen alta presión y altos niveles de azúcar.

Trabajo no asalariado y un negocio propio ofrecen más variedad, flexibilidad, autonomía y más potencial que la mayoría de trabajos. En algunos casos, el trabajo es físico, casos tales como contactar a clientes actuales o potenciales, mostrar productos, servicios u oportunidades, o hacer seguimiento con llamadas telefónicas, correos electrónicos, mensajes de texto o participación en redes sociales. A veces es trabajo mental, tal como intercambio de ideas para tener una presentación más efectiva.

A veces el trabajo es incluso emocional, como animar y estimular a un socio actual o potencial para que tenga esperanza para el futuro—decirles que pueden hacerlo—ayudarlos a entender que pueden crecer, salir de deudas y crear una mejor vida o tal vez sea simplemente ofrecerles tu amistad, independientemente de su situación o de lo que elijan o no elijan hacer.

Hablando metafóricamente, las personas a quienes les encanta trabajar y hacer contribuciones son usualmente «la crema de la cosecha de la sociedad» —las personas súper productivas que típicamente llegan a la cima. Desde el punto de vista puramente financiero, *The Wall Street Journal* reportó que, en general, el cinco por ciento de los hogares de Estados Unidos tienen, ya sea a lo menos $209.000 de los ingresos o un valor neto de por lo menos $1,9 millones. El uno por ciento más alto, los ricos, tienen más del $6,8 millones en valor neto o un ingreso de por lo menos $521.000.

Por otro lado, según la Administración del Seguro Social, el 34 por ciento de la fuerza de trabajo no tiene ahorros reservados para la jubilación, mientras que el 51 por ciento no tienen planes privados de pensión. Según Aging.org, el 30 por ciento de la población muere a la edad de 65, mientras que SSA agrega que si vives hasta los 65 años, lo más probable es que, en promedio, vas a vivir 20 años más.

El Centro de Investigación de Jubilación reporta que el 45 por ciento de esos que llegan a la edad de 66 no están financieramente preparados para la jubilación, mientras que Fidelity Investments dice que la mayoría de los hogares tienen menos de $100.000 en ahorros para la jubilación.

La pregunta clave es: ¿vas a tener suficiente valor neto e ingreso para tu jubilación para que por lo menos puedas vivir con dignidad, sin tener que trabajar, si así lo deseas?

Por lo tanto, ¿fueron los obreros que ganaron el cinco por ciento más elevado los mismos trabajadores asalariados que trabajaron 40 horas a la semana produciendo a nivel promedio durante 40 años?¡De ninguna manera! Está claro que la mayoría no llegó a ser financieramente libre o independiente o llegaron a ser ricos por trabajar 40 horas a la semana.

Si usas 24 por ciento de tu semana (40 horas) trabajando y 76 por ciento de tu semana (128 horas) usando el dinero que ganas durante el 24 por ciento de tu tiempo, es lógico que tus gastos, en el mejor de los casos, van a mantenerse al paso de, o lo más probable, van a exceder tus ingresos. Las probabilidades de progresar financieramente son 3 a 1 en tu contra.

Como lo dijo Bill Earle: «Si tus gastos sobrepasan tus ingresos, el proceso de mantenerte a flote te hundirá». Este es otro factor fuerte de motivación en cuanto al porqué a las personas súper productivas les atrae ser dueños de su propio negocio o hacer trabajo no asalariado. Para ellos, como dicen, «El cielo es el límite».

Por lo tanto, ¿qué hay con el dinero?

Ahora quizás estés pensado que no tienes que ser trabajador por tu cuenta, o que tu ingreso sea basado en comisión para poder encontrar suficiente trabajo. Seguro, algunos empleadores les permiten a los empleados trabajar todas las horas que desean. Muchas compañías, con frecuencia compañías con poco personal, también esperan que sus empleados se vayan a casa todas las noches con reportes, anuncios publicitarios, cartas, análisis, encuestas o algo más para trabajar después de la cena, y quizás que estén disponibles, por lo menos vía dispositivos móviles o de turno, y con frecuencia, no le pagan nada extra a estos trabajadores abusados.

Como alguien que ha trabajado en relaciones públicas, seré el primero en admitir que algunos empleos de salario por hora ofrecen un sinfín de oportunidades para trabajar. La pregunta es, sin embargo: ¿Por qué querrías trabajar un sinfín de horas, o estar disponible en cualquier momento que te llamen, si no eres compensado de manera apropiada por usar tu precioso tiempo libre? ¿Por qué querrías hacer a alguien más y su familia prósperos cuando podrías estar haciendo algo más fuera de tu trabajo después de las 5 para mejorar y hacerte próspero a ti mismo y a tu familia?

Es verdad. Hay personas que acuden a un llamado diferente de lo que es el progreso material y personal, tales como pastores, sacerdotes, rabinos, misioneros y voluntarios nobles. Sin embargo, las personas que eligen servir de esa manera han decidido optar un estilo de vida muy diferente, en algunos casos desde el inicio, no involucrarse en el área de los negocios. Cuentan con el apoyo financiero del comercio, industria, negocios, gobierno, familia, una herencia o donaciones de organizaciones privadas y religiosas para que les provean todo, desde comida, techo, y otros suministros, de transporte e incluso protección política.

Para la mayoría del resto de nosotros, ser un empresario o dueño de negocio, no tener un salario o ganar por comisión es la clave de la seguridad financiera y el progreso personal. Como una persona súper productiva, yo admito que estoy interesado en ganar dinero. Por eso trabajo pasado de las cinco para convertirme en escritor, profesor y asesor profesional. Los únicos límites en cuanto a la cantidad de dinero que puedo ganar de estas actividades son las oportunidades que yo elijo dentro de esos ámbitos y el límite que yo pongo en el tiempo y la energía que yo dedico a ellos.

No hay nada malo o erróneo en amasar fortuna por medio del trabajo duro y honesto mientras servimos a otros. Un hombre o una mujer pueden ser tan malos teniendo $1.000 o menos al mes, así como también puede serlo teniendo $100.000 o más al mes, e incluso tal vez aún más. Es su actitud hacia el dinero y la manera en que esa persona lo usa— para propósitos buenos o malos—lo que es bueno o malo, no es la cantidad de dinero en sí que él o ella gana o acumula.

La Biblia dice: «El *amor* al dinero es la raíz de todos los males». Si una persona desea tener dinero, el cual es acumulado o almacenado con fines mal-concebidos, entonces este amor por el dinero puede conducir a acciones malas. El dinero en sí, sin embargo, no es malo. Es simplemente una herramienta; un medio de intercambio. Todo depende de tu punto de vista. ¿Cómo ves el dinero?

No te equivoques al respecto: *¡Más gente buena tiene que ganar más dinero para que más cosas buenas se hagan realidad!*

El capitalismo del sistema de libre empresa, basado en integridad, ha ayudado a las naciones participantes a ser más prósperas y grandes. La más honorables oportunidades para ejecutar la libre empresa nos permiten animar a las personas a florecer, convertirse en lo mejor que puedan lograr ser y sobrepasar los límites de ingresos impuestos en la mayoría de las personas que trabajan por un salario. Permiten a las personas ser súper productivas con una gran oportunidad de ser apropiadamente recompensadas ... financieramente y de cualquier otra índole.

Naciones como USA son más propensas al tener un número más alto de escuelas de alta calidad, hospitales, colegios, universidades y otra clase de instituciones que otros países que han elegido no utilizar el sistema de libre empresa. Los fondos necesarios para muchas de estas instituciones esenciales provienen enteramente o en parte, de filantropía privada o de subsidios de negocios y fundaciones. La mayoría de ellos son gente noble que ha puesto su ganancia honesta de dinero a trabajar con propósitos que valen la pena.

Tal como el Reverendo Russell Herman Conwell dijo en 1893: «El dinero es poder. Cada buen hombre y mujer debe luchar por tener poder y hacer el bien con él cuando lo obtenga. Yo digo ¡prospera, prospera!» Mucha gente que es digna de imitar ha vivido dicho credo y todos nosotros nos hemos beneficiado de eso.

El Rey Salomón, sabía que en cada sociedad «el rico gobierna sobre el pobre y el deudor es sirviente del que presta». Como tal, su consejo fue que el individuo sea rico o por lo menos asociarse con los ricos. De esta manera, la persona tiene la oportunidad de trabajar con la gente o de preferencia, ser uno de los que tiene poder para hacer grandes cosas en la sociedad.

Como lo expresó Salomón: «¿Has visto un hombre diligente es su trabajo? Él estará delante de los reyes. No estará frente a los hombres bajos.» Las personas que aspiran a ser ricas, el consejo sabio es que se asocien con aquellos que están donde ellos quieren estar e imitar sus creencias positivas y sus acciones.

Un clérigo inglés, el reverendo Sydney Smith, escribió en 1807: «Yo he sido pobre la mayor parte de mi vida y lo he soportado tan bien, yo creo, como la mayoría de la gente, pero puedo decir con seguridad que he estado más feliz por cada guinea que he ganado».

W. Somerset Maugham fue un médico, novelista, escritor de historias cortas y dramaturgo. Sus trabajos, que incluyen: *Of Human Bondage* y *The Razor's Edge*, fueron extremadamente exitosas y populares durante sus 91 años de vida.

Él llegó a ser muy rico y mientas acumulaba más y más riqueza, se dio cuenta que podía producir más obras con un nivel más alto de calidad en un tiempo más corto. En su biografía, Maugham explica… «Yo me di cuenta que el dinero es como un sexto sentido, sin el cual tú no puedes hacer mucho con los otros cinco.»

Por lo tanto, podemos ver entonces que el dinero es algo por lo que te puedes sentir muy bien. Contribuye a la sociedad de una manera admirable y sincera, donde puedas maximizar tu potencial de ingresos.

Para el Rev. Conwell, el dinero era algo que usaba para hacer bien en el mundo. Para Salomón, el dinero era una llave para las puertas de poder. Para el Rev. Smith, el dinero era un elemento de felicidad personal. Para Maugham, el dinero era un estímulo para la creatividad.

En verdad, el dinero como una herramienta—usado con integridad—puede multiplicar el poder para marcar la diferencia en nuestras vidas y en la vida de los hermanos.

La Biblia nos dice que: «los pobres siempre estarán con nosotros», y sabemos que eso es verdad, incluso en las naciones grandes y poderosas. Desafortunadamente, independientemente de la abundancia que hay alrededor de ellos, algunas personas tienen mentalidad de pobreza lo que los atrapa a ellos en su estado de indigencia.

Esto se puede cambiar, pero solamente cuando estas personas se apegan a una actitud orientada a la posibilidad y se dedican a un esfuerzo digno capaz de ponerlos en un nuevo nivel de pensamiento y, en consecuencia, en un nuevo nivel de ingresos. Por lo general, la libre empresa que persevera ha mostrado un ingenio extraño para ganar dinero—potencialmente montones y montones.

Las naciones prósperas del primer mundo orientadas al libre comercio representan 20 por ciento de la población del mundo, sin embargo, éstas proveen acerca del 80 por ciento de la productividad global. Estas naciones son tierras de abundancia ante los ojos del resto del mundo porque un número relevante de su gente son personas súper productivas.

Sin embargo, ¿qué es lo impulsa a alguien a convertirse en alguien próspero? El Dr. James A. Knight. MD, un reconocido siquiatra, plantea la misma pregunta. «¿Qué significa el dinero para el hombre moderno?» pregunta el Dr. Knight. «Él gana, gasta y ahorra; él muere por éste; a veces [desafortunadamente] mata por él. ¿Por qué el hombre [aparentemente parece estar] en esclavitud a una cosa inanimada, la cual puede usar para ambas cosas, para [propósitos] creativos y productivos, puede hacer de un príncipe un mendigo y de un zángano a un barón? Uno lee diariamente acerca de donaciones de caridad, de robo a bancos y fortunas que se heredan; ocasionalmente de [dinero] hallado dentro de un colchón viejo y se pregunta acerca de los rasgos de personalidad, problemas sicológicos y actitudes que expresan por sí solas por medio del dinero.»

El Dr. Knight contestó después su propia pregunta acerca del porqué la gente lucha por el dinero. Él apuntó: «El objetivo original y básico no son las riquezas, sino disfrutar poder y respeto entre los demás seres humanos y dentro de uno mismo. En nuestra sociedad, el poder y el respeto se basan en su mayoría en posesiones y dinero; esto hace que la necesidad por el poder y el respeto sean una necesidad por las riquezas».

Aunque esto es verdad, es algo más que eso. Para que las personas puedan sobrepasar más allá de lo ordinario o la mediocridad gris de la vida y una fuente de ingresos promedio, necesitan algo más que dinero. ¿Cómo pueden lograr sus sueños, ya sean pequeños o grandes? ¿Cómo pueden deshacerse de la carga de deuda o la rutina de siempre si apenas pueden sostenerse? ¿Cómo pueden elevarse de manera significativa, enriquecedora, alegre, en trabajo expansivo que pueda recompensarlos proporcionalmente y más allá, por las energías que han puesto?

La respuesta se encuentra en ser una persona súper productiva que no está amarrada a restricciones de salario, sino, en lugar de eso, está facultada para participar plenamente en una actividad económica y fructífera.

Cuando dicho escenario es reforzado con el aprovechamiento personal en asociación independiente con otros similares en mente y corazón, la experiencia súper productiva es traída a un nuevo nivel. Esos que son suficientemente afortunados para ser parte de dicha organización o asociados con otros, son verdaderamente bendecidos.

La persona súper productiva no tiene reticencia para esperar lograr la independencia financiera sustancial.

Se esfuerza para ganar grandes cantidades de dinero porque eso provee seguridad, apalancamiento, oportunidad, un agradable estilo de vida y posibilidades filantrópicas.

Como lo expresó el Dr. Knight: «El dinero es como una medalla de logros de la vida». También ayuda a determinar que tan bien vivimos nuestras vidas y todo lo que nos proponemos lograr mientras ayudamos a otros.

F. Scott Fitzgerald y Ernest Hemingway estaban juntos en una fiesta ofrecida por algunas personas influyentes. Fitzgerald miró a su alrededor en el salón con toda el mobiliario fino y las pinturas y sus invitados todos vestidos con ropa bella y joyas. «Ah, Hemingway», reflexionó: «Los ricos no son como nosotros. Ellos son diferentes». Hemingway, según los informes, dio un sorbo a su bebida, puso su copa de vuelta en la bandeja, y respondió: «Yo sé. Ellos tienen más dinero».

Hemingway dio con un elemento que al final es una verdad. La gente rica es diferente, por el hecho de que viajan más, compran más, tiene más cosas, juegan más, controlan más, tienen más influencia y dan más, pero la única razón por la que pueden hacer eso es porque «tienen más dinero».

El rico tiene medios para hacer estas cosas. Su dinero les da libertad para hacer lo que quieran hacer y cuando lo quieran hacer. Tienen opciones que la gente común no tiene.

El señor Tevye en la obra popular *Fiddler on the Roof* (el violinista del tejado) canta una canción titulada: «Si yo fuera un hombre rico». En la letra de la canción, el sueña de cómo ser rico le permitiría sentarse todo el día en la sinagoga estudiando escrituras antiguas, ganar sabiduría. Pronto, él cree, la gente comenzaría a buscar su consejo y preguntaría su punto de vista en las cosas y luego repetirle sus palabras a sus amigos. Qué maravillosa sería la vida … si tan sólo fuera un hombre rico.

Seguramente, al igual que Tevye, todos tenemos sueños de ser ricos y eso está bien. Cuando imaginamos cosas grandes, estamos poniendo nuestra vista en cosas más altas. Sin esta visión, hay poca esperanza de que mejoren nuestras vidas, pero soñar no es suficiente. Mientras que es el lugar donde se puede empezar, por sí solo no nos lleva a ninguna parte. Es solamente por medio del incremento de nuestra productividad que nos podemos mover hacia delante obteniendo metas y objetivos.

Las personas súper productivas están constantemente conscientes de una regla básica de compensación: en un trabajo asalariado o una situación de trabajo por horas, a la gente le pagan lo que vale el trabajo, no lo que ellos valen.

La sociedad da valor a varias ocupaciones más que otras debido al nivel de educación que se necesita, la responsabilidad requerida o la capacidad de ingresos, pero eso no quiere decir que una profesión es más honrosa que otra simplemente porque es mejor pagada. Por ejemplo, los pastores juegan un papel vital en la sociedad, aunque en general ellos no ganan mucho dinero.

El punto es: todos estamos aquí por un propósito y por nuestro propio bien es importante saber cuál es y amar lo que hacemos al vivirlo plenamente.

Sin embargo, si quieres ganar más dinero, tienes varias opciones: ante todo, tú simplemente podrías hacer más. Cuando tienes un salario, no ganas más, aunque trabajes noche y día. Podrías, por supuesto, conseguir un aumento o que te ascendieran de cargo, pero entonces probablemente tendrías más responsabilidad y tu empleador sería incluso más, tu «propietario». Tú podrías hacer de manera más efectiva lo que estás haciendo, recibir educación adicional y entrenamiento en el campo que demanda más ingreso o expandir tus ganancias con otros como persona que gana por comisión, dueño de negocio o empresario. Son las últimas tres opciones las que pueden llevar a tener un éxito financiero grandioso.

Para ganar más ingreso, se necesita trabajo duro y un deseo genuino de convertirse en alguien más exitoso. Se necesita un compromiso y educación continua en forma de lectura, estudio, escuchar y ver; exige tiempo extra para planear y preparar y requiere desarrollo personal y profesional. Aquellos que trabajan duro constantemente y les encanta hacerlo se van a convertir en personas súper productivas, lo que puede llevarlos a un éxito inimaginable.

Las recompensas de ser una persona súper productiva

Jugar a «sigue al líder» con exclusión de «ser el

líder», es una actividad en la que se involucran las masas todos los días. Las personas súper productivas, sin embargo, son los pioneros. Ellos ya sea que caminan solos o lideran la línea rompiendo el rastro para que otros los sigan. Debido a esto, las limitaciones tales como un salario fijo junto con la rutina de un horario estándar de 40 horas a la semana son restrictivas e inaceptables. La persona súper productiva requiere de libertad para trabajar el tiempo que desee y tan fuerte como lo desee, porque se da cuenta que tiene el potencial de obtener grandes recompensas monetarias.

A pesar de lo que algunos han dicho de vez en cuando sobre los llamados males-del-dinero, la verdad es que la riqueza obtenida con honor por ayudar a los demás es una meta admirable y que vale la pena. La persona financieramente libre no solamente es aquella que nunca llega a ser una carga para la sociedad, sino que con frecuencia es alguien que proporciona sustento y ayuda al hambriento, al enfermo, al que no tiene educación académica, al de tercera edad y a las personas necesitadas espiritualmente del mundo. Las personas súper productivas eligen hacer trabajo no asalariado debido a las tremendas oportunidades para trabajar, producir, lograr, tener éxito, hacer la diferencia y ser felices en la vida.

Sin embargo, es posible que la mejor recompensa de ser una persona súper productiva es en lo que lleva a convertirnos a lo largo del camino. Superar el reto también, por ejemplo, llegar a ser financieramente libre, hace que crezcamos personalmente y como resultado nos convirtamos en mejores personas. Haciendo más, creamos más relaciones, tenemos más experiencias, superamos más retos y crecemos en sabiduría. Aprendemos más acerca de otras personas y más acerca de nosotros mismos mientras crecemos y nos convertimos en lo mejor que podemos ser. Como lo dijo John Ruskin…

«La más alta consideración por el trabajo que hace una persona no es lo que consigue a cambio, si no en lo que se convierte como resultado de ello.»

Por lo tanto ¿quién eres tú y qué potencial se encuentra dentro de ti, a la espera de ser puesto en libertad? Tus respuestas son fundamentales. Todos somos especiales, seres individuales capaces de muchos logros admirables. Todos nacemos con los regalos del potencial y el deseo, así como las habilidades de cultivarlos. Conocerte a ti mismo de mejor manera es esencial para poder descubrir tus deseos, seguir tus sueños, y ser una persona súper productiva.

El Tercer Secreto

Conócete mejor a ti mismo

Aquellos que tienen un plan digno para guiarse a ellos mismos y alcanzar su potencial y luego implementarlo, en el proceso descubren quién son en realidad.

En el capítulo de apertura, compartí un poco acerca de mí mismo. Al igual que tú, yo tengo experiencia y habilidades en ciertas áreas, mientras que no mucho en otras, o tal vez nada. Pero, afortunadamente, no se trata de ser dotado o talentoso lo que nos permite hace algo bien. Así como lo explica elocuentemente el empresario Bruce Garrabrandt, es simplemente cuestión de deseo. Tú virtualmente puedes hacer cualquier cosa que quieras cuando tienes el deseo lo suficientemente fuerte para lograrlo.

El punto aquí es, sin embargo, que yo sé quién y

qué soy. Aunque estoy aprendiendo continuamente, disciplinándome y poniéndome retos, estoy conforme con mi identidad y viviendo la vida de la manera que yo mismo he escogido … y amándola. Tú te puedes beneficiar haciendo lo mismo.

El establecer tu propia identidad y luego vivir cómodamente con la misma, es un objetivo que vale la pena. Las grandes mentes de los siglos nos han advertido a hacer precisamente eso. Sócrates enseñó a sus estudiantes a «conocerse a ellos mismos» y Shakespeare escribió en *Hamlet*: «Esto es por encima de todo: "Sé fiel a ti mismo"». Pero la gente tiene muchas caras, como gustos y disgustos, lo que aman y lo que odian, lo noble y lo que no es noble y su propia historia personal. Por lo tanto, aprender a conocerse a sí mismo, puede ser un reto genuino.

Robert Louis Stevenson separó las dos naturalezas del hombre en su novela: *The Strange Case of Dr. Jekyll and Mr. Hyde*, con horribles resultados. En *The Call of the Wild*, el escritor Jack London permitió que los instintos animales primitivos surgieran en un perro domesticado, causando que se convirtiera en silvestre y salvaje.

London anotó en sus diarios que el perro del cual había escrito era una metáfora para los humanos, algunos de los cuales también parecían estar domesticados, sin embargo, a veces, volverían a comportamiento salvaje primitivo.

Aunque la literatura con frecuencia provee una amplificación, incluso una visión exagerada de varios aspectos de la vida, nos es muy útil para aumentar nuestra consciencia del potencial (para bien o para mal) que tiene la humanidad.

Entonces depende de nosotros proceder con integridad, conciencia, dedicación, compasión y una orientación para servir a otros. Desafortunadamente, aquellos que quieren una manera fácil y rápida para tener éxito no tienen el deseo de hacer eso, quieren un atajo que no existe.

Sin embargo, aquellos que tienen un plan que vale la pena para guiarse y alcanzar su potencial y luego implementarlo, en el proceso descubren quiénes son realmente. Proceden a afirmar su identidad, mientras mantienen la humildad, haciendo la diferencia en sus propias vidas al igual que en la de otros.

Pueden ser gente tan seria como el Apóstol Pablo, quien dijo en 1 Corintios 15:10, «Yo soy quien soy por la gracia de Dios». Y pueden ser incluso alguien tan caprichoso, pero igualmente tan exitoso a su manera, como el personaje de caricaturas Popeye El Marino, cuyo credo de toda la vida era: «Soy lo que soy y eso es todo lo que soy».

Para ser exitoso, primero identifica lo que significa el éxito para ti y sabe que tú puedes experimentarlo siendo una persona súper productiva. Las definiciones de éxito de otras personas y cómo lo lograron depende totalmente de su definición; es su vida. Depende de ti conocerte a ti mismo, acerca de todo lo que eres, de qué manera quieres vivir y lo que quieres lograr.

Una autoevaluación honesta

Ahora echemos un vistazo a algunas actitudes y comportamientos a los cuales la gente tiende a responder de forma negativa.

Actitudes a las cuales la gente con frecuencia responde negativamente

Distanciamiento	Desconsideración	Incoherencia
Arrogancia	Golpes	Estupidez
Intimidación	Perversidad	Osadía
Engaño	Retraso	Apatía
Falta de respeto	Morbosidad	Vacilación

Egoísmo	Ingenuidad	Astucia
Extravagancia	Exceso de celos	Xenofobia*
Quejas	Blasfemia	Griterío
Acoso	Disputas	Zzzzz (ronquidos)

* Temor o odio de extraños o extranjeros.

¿Cuáles de estas actitudes o comportamientos muestras tú, si muestras algunos? Escríbelos y trabaja para eliminarlas.

¿Realmente te conoces a ti mismo? Quizás sea el momento de presentarte. Ve hacia un espejo donde te puedas ver por completo y obsérvate. Mira de cerca. Comienza por la cabeza y examínate pulgada por pulgada, hasta los pies.

Ten el valor de disolver las fantasías. Si ves que se te está comenzando a caer el cabello o hay un hueco que indica calvicie, no la cubras mentalmente pensando en los tiempos pasados cuando tenías la cabeza con mucho cabello grueso cuando estabas en la escuela secundaria. Eso era en aquellos tiempos, hoy es hoy. Es como te ves ahora. Si estás calvo, reconócelo. Vete a ti mismo honestamente como eres. Si quieres un peluquín o implante de cabello, éstos pueden ser una opción para ti. De otra manera, simplemente acepta tu cabello como es y haz lo mejor que puedas.

Continúa con un análisis lento. Nadie está contigo en la habitación, así que puedes ser completamente honesto. ¿Ves bolsas debajo de tus ojos, una barbilla de más o quizás dos, un cuello arrugado, gorditos en la cintura, ropa anticuada o una mala postura? Si es así, estás viendo a alguien suficientemente honesto para enfrentar la realidad, lo suficientemente valiente para hacer cambios. Yo sé lo que se siente estar ahí. Yo he estado ahí antes.

Clasifica tus objetivos y fortalezas

Aquí tienes unos ***objetivos personales*** como ejemplo. Escríbelos y clasifícalos según las prioridades que tienen para ti:

( ) Más tiempo con la familia

( ) Mejor salud y bienestar físico

( ) Más aventuras de negocios

( ) Más tiempo libre

( ) Salir de deudas/libertad financiera

( ) Viajar más

( ) Más logros en general

( ) Más influencia personal

( ) Más dinero

( ) Mejor posición social

( ) Jubilación a temprana edad

Haz una lista y clasifica tus **objetivos de negocio** según tus prioridades. Aquí tienes unos ejemplos:

( ) Mayor productividad

( ) Ingresos más altos/bonos

( ) Mejor reputación

( ) Aumento de capacidad de liderazgo

( ) Mejorar la clientela/socios

( ) Expansión continua

( ) Trabajo más agradable

( ) Mejorar las destrezas en computación

( ) Más educación/conocimiento

( ) Incrementar la visibilidad

( ) Ética y estándares más fuertes

( ) Mayor resiliencia en cuanto a lidiar con problemas

( ) Más reconocimiento profesional

( ) Incremento de efectividad

( ) Más reservas financieras

( ) Mejor tiempo/ambiente/actividad

Haz una lista y clasifica tus **fortalezas personales** relacionadas con el negocio. Algunas de las siguientes pueden aplicar:

( ) Habilidad para hablar en público

( ) Mantenimiento de registros

( ) Lealtad en los negocios

( ) Habilidad en productos/servicios promocionales

( ) Apariencia ordenada y limpia

( ) Años de experiencia

( ) Conocimiento/educación

( ) Contactos

( ) Capacidad para planear cuidadosamente

( ) Impulso que no se detiene

( ) Sentido de humor

( ) Reputación

( ) Habilidad para tratar a la gente

( ) Conocimiento de producto/servicio

( ) Habilidad para superar el rechazo

( ) Espíritu de equipo

( ) Habilidad para escribir

( ) Habilidad para organizar

( ) Habilidad para manejar tiempo/ambiente/destrezas
( ) Suficiente conocimiento de la tecnología

Ver a una persona diferente al mirarse en el espejo

Aquí está cómo bruscamente me enfrenté a mí mismo en el espejo: en 1974, a la edad de 25 años, me desperté una mañana y descubrí que la parte izquierda de mi cara estaba completamente deformada. Mi mejilla estaba hundida; mis labios estaban torcidos, mi fosa nasal estaba aplastada; mi ojo izquierdo estaba completamente abierto porque mis párpados estaban paralizados y no podía parpadear; mi frente estaba arrugada de lado derecho, pero paralizada levemente del lado izquierdo; incluso mi lengua estaba entumecida de lado izquierdo.

No podía hablar con claridad; no podía masticar comida o tomar agua sin hacer un desorden. Era algo para volverse loco, sin mencionar lo aterrador. Lo único que podía imaginar era que había tenido alguna embolia de alguna clase e inmediatamente me fui para el hospital.

«La buena noticia es que no has tenido una embolia», me dijo mi médico de medicina familiar. «Tú has sufrido aflicción de nervios conocida como, Parálisis de Bell. La mala noticia es que vas a tener el rostro así deformado por varias semanas e incluso meses y lo más probable es que nunca te recuperes por completo.»

El buen doctor estaba en lo correcto. En aproximadamente tres meses, logre volver a hablar y comer con normalidad y el entumecimiento en la parte izquierda de mi lengua, labios y mejilla desapareció. Podía nuevamente fruncir mi frente y parpadear.

No obstante, a pesar de las mejoras, también habían señales de daño permanente. Mi sonrisa estaba torcida; yo no podía poner mis labios en forma de círculo ni silbar; respirar con la parte izquierda de mi nariz era difícil y, lo peor de todo, mi párpado izquierdo estaba caído de forma permanente a la mitad.

La situación completa parecía increíble. Me observaba en el espejo y no reconocía al rostro del que me miraba desde el otro lado. ¿Cómo podría haber pasado esto? Yo había ganado media docena de medallas en combates durante la Guerra de Vietnam y había regresado a casa prácticamente sin arañazos. Sin embargo, ahora, a la edad de 25, en la tranquilidad de mi hogar, había sufrido un daño corporal irreparable. ¡Qué ironía…!

Por un tiempo, me convertí en un recluso. Me quedaba en casa, evitando a mis amigos y rechazando invitaciones. Cuando tenía que salir, usaba una parche en mi ojo izquierdo, bajaba mi gorra y subía el cuello de mi abrigo.

El ajustarme a mi nuevo yo—el verdadero yo físicamente, el yo con quien iba a vivir el resto de mi vida—al inicio vino lentamente. Tenía una opinión negativa de mi mismo, miraba solamente la apariencia externa y estaba decepcionado, disgustado y deprimido.

Afortunadamente, sin embargo, mis amigos también vieron a la persona interna. Cuando yo dejé de llamarlos, ellos vinieron a buscarme. Cuando mis viejos amigos me miraban de nuevo por primera vez, parecían sorprendidos; pero ciertamente no asqueados o molestos por mi apariencia.

Después de algunas preguntas de costumbre tales como «¿Duele?» o un comentario como «Mi tía tuvo algo parecido una vez» nuestra conversación continuaba en dirección normal como si nunca hubiera sufrido parálisis. Mi nuevo look no estaba afectando a nadie más como me estaba afectando a mí. Me hizo tener la actitud correcta más importante que nunca.

Los siete lemas de la actitud correcta

1.- Los verdaderos ganadores logran el éxito por medio del trabajo honesto y diligente.

2.- Mi actitud de fuerza es mi fuerza.

3.- Yo disfruto mi trabajo porque_____

4.- No existe tal cosa como suerte; solamente existe el trabajo duro preparándome para las oportunidades que están por venir.

5.- Yo soy admirado porque tengo una reputación de que hago lo que digo y un récord de que trabajo duro y soy una persona súper productiva.

6.- Yo estoy demasiado ocupado ayudando a otros y haciendo realidad mi sueños como para ser quisquilloso por cualquier cosa o cualquier persona.

7.- Yo mantengo una mente abierta porque siempre estoy ansioso por aprender y, de este modo, avanzar al siguiente nivel.

Como mis amigos muy amable e incondicionalmente me aceptaron y me apoyaron, comencé a darme cuenta que yo había estado sufriendo de un shock.

No es que yo no haya sido lo suficientemente fuerte para aceptar mi apariencia diferente, tampoco era el caso de que yo fuera demasiado vanidoso, orgulloso, miedoso o ingenuo como para lidiar con mis nuevas circunstancias. Era simplemente que a mí no se me había dado el tiempo para prepararme a mí mismo para una nueva situación extremadamente desafiante. Me había tomado completamente desprevenido, con la guardia completamente bajada. Yo había reaccionado por instinto en lugar de responder cuidadosamente, temiendo lo peor en lugar de planear para lo mejor. Yo había permitido que mi actitud me controlara en lugar de controlarla.

Después de haber llegado a aceptar el hecho de que la parálisis facial no había cambiado el yo interno, decidí abordar el reto de mi trastorno con el mismo vigor e intensidad que siempre había abordado cada reto en mi vida. Comencé a ir de vuelta al espejo.

Cuando me vi yo mismo esta vez, no imaginé ninguna imagen cosmética imaginaria de lo que una vez había sido o de lo que esperaba convertirme milagrosamente otra vez. Me vi a mí mismo sinceramente, sonreí con la mejor sonrisa torcida que podía tener y dije: «Está bien, yo nunca seré un modelo o una estrella de cine, ni que fuera el fin del mundo, ¿verdad? ¡Así es! Así que vamos a partir de aquí.»

A partir de ese momento, me volví más fuerte cada día. Me volví físicamente más fuerte usando vibradores faciales para estimular mis músculos faciales, mediante la práctica de enunciar palabras distintamente (a pesar de los desafíos labiales y nasales) y volviendo a colocar mi cabeza en alto, algo que había dejado de hacer. Me volví mentalmente fuerte pasando tiempo extra en oración, inscribiéndome en un programa de doctorado en inglés y expandiendo mi carrera como escritor independiente.

Ahora, después de más de 40 años, estoy tan acostumbrado a la diferencia de mi aspecto, que a mí me sorprende más que nadie, cuando la gente en la reunión de clase pregunta: «Oye, ¿qué le pasó a tu ojo?»

Enfrentando y aprendiendo a aceptar la realidad de mi apariencia alterada me dio una confianza renovada, una nueva dirección, fuerza y propósito. A decir verdad, yo tengo que admitir que el ataque de parálisis de Bell fue uno de los reveces más beneficiosos que he enfrentado—por paradójico que pueda parecer.

Hablando claro

Es un hecho comprobado que las personas que hablan bien son más propensas a avanzar más rápido en su carrera o negocios. Aquí hay algunos consejos para mejorar tu atractivo verbal:

- Evita las malas palabras, argot, y palabras inútiles

- Incrementa tu vocabulario regularmente

- Habla con oraciones completas

- Pronuncia las palabras clara y correctamente

- Desarrolla una calidad tonal controlada y agradable en la voz

El yo emocional

Está atento a cómo puedes estar reaccionando de manera torpe a cierta situación y luego cambia, si es necesario, a una reacción más saludable. De otra manera, tú puedes dejar que los acontecimientos que enfrentes en la vida te pongan en una montaña rusa emocional. Para llegar a ser más estable y tener más control sobre tus actitudes y tu vida, reconoce los factores internos y externos que puedan causar que tengas cierta reacción emocional.

Siéntate calladamente, considera las siguientes preguntas y luego escribe todas las respuestas que se te vengan a la mente para cada una. Después, pregúntate a ti mismo, «¿Ahora que he reconocido estas reacciones emocionales, qué puedo hacer para usarlas o controlarlas?» También haz una lista de esas reacciones.

- ¿Qué clase de cosas me hacen enojar?

- ¿Cuándo fue la última vez que disfruté de una carcajada saludable?

- ¿Me avergüenzo de llorar? ¿Por qué?

- Cuando estoy frustrado o apurado, ¿tartamudeo?

- ¿Qué situación me parece estresante?

- En lo general ¿Soy optimista o pesimista?

- ¿Qué provoca que yo actúe impacientemente?

- ¿Tengo algún hábito nervioso tal como: morderme las uñas o tronarme los nudillos de las manos?

- ¿En qué circunstancia me siento seguro o inseguro?

- ¿Cuándo fue la última vez que tuve insomnio? ¿Qué lo causó?

Considera esto: Necesitaba perderme en la concentración mental continua hacia un objetivo positivo, de esa manera no detenerme continuamente y morar en mi desgracia. Como resultado, regresé a la universidad. Hoy, tengo un doctorado en inglés y soy el director de un departamento que yo creé. Mi necesidad de utilizar muchas horas en terapia del habla y practicando oratoria me ayudaron a desarrollar buenas destrezas para hablar en público. Hoy en día, yo hago más de 30 apariciones al año para dar conferencias en convenciones, universidades, conferencias y reuniones de negocios, además de enseñar una carga completa de clases en la Universidad Taylor cada semestre.

Podría mencionar numerosos beneficios que vinieron de esta experiencia, pero mi propósito no es ofrecerte mi autobiografía. En lugar de eso, quiero que aprendas la habilidad de «conocerte a ti mismo»—sin importar lo desafiante que sean los retos—es un factor maravillosamente positivo en la vida de una persona.

Convertir lo negativo en positivo

Mantente abierto a la posibilidad de descubrir factores negativos acerca de ti mismo. Incluso la realidad dura es buena cuando la usas para hacer un cambio positivo. ¿Sabías que en el idioma japonés el carácter que representa la palabra para *revés* es el mismo símbolo para la palabra *oportunidad*?

Esto también es una verdad en la vida. Todo está en la manera cómo ves las cosas. ¿Es esa carreta de manzanas volcada un gran desorden o es el descubrimiento del puré de manzana? ¿Es ese pedazo de vidrio chamuscado una ventana arruinada o la invención de las gafas oscuras? Todo está en la forma que percibes las cosas—como problemas o posibilidades.

Yo tengo dos buenos amigos, Don y Sandy, quienes ven positivismo en todo lo que les sucede a ellos en su vida de casados. Cuando un pozo negro apareció en su césped un día, sus vecinos dijeron qué mal. Sin embargo, Don dijo, no, le dio a él la gran idea para deshacerse del exceso de agua acumulada en la tierra.

Cuando Sandy casi quema la casa cuando se olvidó de apagar la estufa después de terminar de cocinar las hamburguesas, le vino la idea de preparar comida cocinada en la heladería de la que ella y Dan son dueños. Él estuvo de acuerdo y procedieron a comprar el equipo necesario. Esto les permitió expandir el menú, lo cual les permitió doblar su negocio en dos temporadas. Esta pareja feliz se empeña a ver oportunidades presentes en cada revés.

Llegar a ser automotivado

«Un motivo es un impulso dentro de un individuo que lo incita a la acción. Es la esperanza u otra fuerza que mueve al individuo a producir resultados específicos.»

W. Clement Stone

Aquí está la forma de convertir inacción en acción:

- Desarrolla consciencia de cuáles son tus verdaderos deseos

- Emociónate y siéntete determinado a obtener esos resultados

- Desarrolla disciplina para perseguirlos

- Eleva tu entusiasmo y optimismo con cada uno de tus logros a lo largo del camino

- Ve los retos como oportunidades, mantente abierto a las posibilidades que se presentan y aprovéchalas

Lista de chequeo de apariencia personal

Pregunta	Sí	No	Cambios necesarios/ Siguiente paso de acción
¿Está mi cabello lavado, rizado (como es apropiado) peinado y cepillado?			
¿Son mis anteojos por lo menos bastante al estilo contemporáneo?			
¿Están mis dientes tan limpios y blancos y en el mejor estado posible?			
¿Es mi aliento ofensivo?			
¿Sonrío con frecuencia?			
¿Tengo un peso saludable?			
¿Estoy limpio y rasurado?			
¿Está mi ropa limpia, planchada y razonablemente actualizada?			
¿Están mis zapatos reparados, limpios y lustrados?			
¿Es mi postura recta?			
¿Están mis uñas limpias, cortadas y brillantes (si es apropiado)?			
¿Tengo buena higiene?			
¿Está mi joyería limpia, se ve bien, no llamativa y pretenciosa?			
¿Tiene mi maletín aspecto profesional y bien cuidado por dentro y por fuera?			
¿Llevo siempre conmigo tarjetas de negocios que se ven profesionales?			

- Incrementa tu confianza al convertirte en un conocedor en tu campo o negocio

- Enfócate en llegar a ser la persona de éxito que soñaste

Ahora, hazte una lista de los que necesitas hacer o haz más de eso, para despertar en ti mismo la acción

Re-Conceptualización

Cuando percibimos nuestro propio potencial, la mayoría de nosotros haría bien en tomar una lección de los expertos del mercadeo. Siempre que algún consultor de mercadeo sea traído para aumentar las ventas de un negocio, lo primero que hace es re-conceptualizar el negocio. El consultor quizá no sugiera cambiar·el negocio en sí, (a menos que realmente necesite un cambio, por supuesto), sino más bien la forma que los clientes y otras personas lo perciben.

Ahora echemos un vistazo de cómo te ven normalmente los demás. ¿Qué harías esta semana para hacer algunos cambios? Ve la siguiente gráfica y contesta cada una de las preguntas con «sí» o «no». Escribe los cambios que necesitas hacer y las acciones que necesitas tomar.

Lista de chequeo de apariencia personal

Sí, la apariencia puede hacer toda la diferencia. Por ejemplo, en la ciudad quizás haya siete concesionarios de automóviles, pero solamente uno de los siete concesionarios que venden autos seminuevos tiene más posibilidades de atraer nuevos clientes. Una ciudad quizás tenga 20 tiendas ópticas, pero solamente una «boutique de cuidado visual». Ésta va a conseguir la mayor parte de las ganancias en el negocio. Los negocios en sí quizás sean básicamente lo mismo; es solamente que éstos han re-conceptualizado la manera que se presentan a sí mismos y han sacado provecho de ello.

Tú puedes hacer lo mismo. ¿Puedes re-concebir la «vejez» como «madurez de la cosecha»? ¿«Haber pasado el mejor momento» como «haber llegado al pináculo»? ¿«Novato» como «ahijado»? ¿«La inexperiencia de la juventud» como «entusiasmo de mente abierta»? ¿«Sin educación» como «siempre queriendo aprender más»? ¡Por supuesto! ¡Por supuesto!

Se trata de ir al espejo y echarte una nueva mirada a ti mismo, y ver el tú que el mundo ve, descubrir tus fortalezas y capitalizarlas. Si no te gusta el trabajo que estás haciendo ahora, comienza a hacer un nuevo trabajo. Si no te gusta el aspecto que estás proyectando ahora, re-conceptualízate a ti mismo y proyecta una nueva imagen. Todo esto es parte de ser una persona súper productiva.

A lo largo de este capítulo has visto cuestionarios, guías y una lista de ideas que te he sugerido que respondas. Guarda estas respuestas en archivos especiales y revísalas cada mes. Ve si estás cambiando, madurando y creciendo. Nota el progreso de cualquier re-conceptualización de metas que has fijado tú mismo. Vuelve a ponerte a prueba completamente cada seis meses o antes, para descubrir cualquier cambio en tus necesidades, deseos, opiniones, perspectivas y metas.

Mantente en contacto contigo mismo. Este es un pre-requisito para asociarte con otros y ayudarlos de manera más efectiva con tu producto, servicio, u oportunidad. Si pareces estar enfangado en tu habilidad para crecer y ser una persona súper productiva, pide ayuda de aquellos que están donde tú quieres estar.

El tú escondido

A pesar del hecho de que tal vez le digas a otros que «naciste para comer caviar» quizás tú, en verdad, seas más «la sal de la tierra». De cualquier manera, puedes ser una persona feliz, alegre y positiva. Contesta las diez siguientes preguntas y ve si aparece algún patrón. Si esto sucede, ¿qué revela de lo que realmente eres, lo que realmente quieres y cuál es la mejor manera de proceder para conseguirlo?

1.- Si tuviera todo mi tiempo, dinero y retos bajo control, ¿qué haría? ¿Qué deseos no realizados perseguiría? ¿A dónde me dirigiría? ¿Qué compraría?

2.- ¿Cuál es mi siguiente paso simple de acción para moverme hacia el logro de mis metas/ sueños/ objetivos?

3.- ¿En realidad, qué tan feliz soy haciendo lo que hago?

4.- ¿Cómo pudiera estarme refrenando yo mismo y por qué?

5.- ¿Cómo puedo darme un sentimiento de urgencia para comenzar a moverme? ¿Me recuerdo a mí mismo que no voy a vivir para siempre y que cualquier aplazamiento que esté haciendo, me está retrasando para lograr la vida mejor que añoro?

6.- ¿Qué clase de audios y videos me pueden ayudar?

7.- ¿Qué libros positivos, edificantes, que me animen a crecer, puedo leer para mi mayor provecho y de esa manera llegar a ser una persona súper productiva?

8.- ¿Qué clase de habilidades y actitudes tengo y cuáles necesito desarrollar?

9.- ¿A qué clase de sesiones de entrenamiento, seminarios, convenciones, oportunidades de reuniones y juntas, ferias de productos y otras reuniones motivacionales para mi educación continua necesito asistir?

10.- ¿Estoy siempre tomando apuntes, haciendo preguntas y exhibiendo una actitud abierta para aprender? Si no, ¿qué voy a hacer para comenzar a hacerlo?

Por lo tanto, ¿quién eres tú y qué potencial radica dentro de ti esperando ser liberado? Todos somos especiales, seres individuales capaces de lograr cosas admirables. Todos nacemos con los dones de potencial y deseo, así como la habilidad de cultivarlos. Conocerte mejor es esencial para descubrir tus deseos, perseguir tus sueños, y ser una persona súper productiva.

¡Dedica tu tiempo de calidad para tus tareas de calidad y no tendrás tiempo para hacer cosas que no son buenas para tu objetivo. Muchas de ellas probablemente las podrían hacer otros, o no tenían que haber sido hechas en ese momento o quizá no debían hacerse y como no vivirás para siempre, ser más productivo es esencial si realmente quieres mejorar tu vida. Las personas súper productivas tienen un sentido de urgencia muy afinado!

El Cuarto Secreto

Derígete y estimula a otros para trabajar de forma inteligente...no solamente más

Cada vez que enseñas a alguien a hacer una tarea, tú te liberas de esa actividad, incrementando tu productividad.

Hay una vieja historia que relaciona muy bien las ideas equivocadas que mucha gente tiene acerca de guiar y alentarse a sí mismo y a otros, para poder aprovechar su tiempo de la mejor manera.

Una vez un hombre conducía por un huerto de manzanas cuando vio a un granjero levantar a sus cerdos, uno a la vez, hasta las ramas de los árboles para que los cerdos pudieran comer manzanas. El hombre paró su auto, salió y se acercó al granjero.

«Disculpe», apuntó extrañado, «¿pero no es eso una tarea que le consume una terrible cantidad de tiempo?» El granjero observó al hombre, se encogió

131

de hombros, y respondió, «¿Y qué significa el tiempo para un cerdo?»

Mientras lo absurdo de la actividad del granjero es obvia, actividades que son igualmente absurdas, pero no tan obvias, suceden en un sinnúmero de negocios, organizaciones, tiendas y oficinas. La historia muestra claramente que para ser una persona súper productiva requiere examinar tus hábitos de administración de tiempo/actividades.

El deseo más grande en el mundo de ser una persona súper productiva no tiene valor si el trabajo de una persona simplemente da vueltas como una rueda en lugar de moverse hacia delante. Dicho movimiento en círculos es sinónimo de cualquier número de actividades típicas hechas por una persona común que no es súper productiva, lo que conlleva a una vida de monotonía y frustración—que apoya la sobrevivencia de la mejor manera posible.

Este capítulo te va a ayudar medir qué tan bien estás usando tu tiempo. A continuación, se te van a enseñar algunos pasos básicos que puedes tomar para convertirte en alguien más productivo con el tiempo que tienes. Vas a comenzar por determinar te estás conduciendo en la actualidad y cómo estás empoderando a otros.

Dirigiéndote a ti mismo y alentando otros a actuar ... *¿Cómo te calificas?*

Encierra en un círculo ya sea «sí» o «no» para contestar las siguientes preguntas:

1.- ¿Comienzas tu mañana o tarde pensando cuidadosamente qué vas a hacer enseguida para avanzar hacia el logro de tus sueños/metas/objetivos? **Sí / No**

2.- ¿Comienzas una tarea antes de pensar cuidadosamente? **Sí / No**

3.- ¿Completas tareas lo mejor que puedas en lugar de dejarlas a medias? **Sí / No**

4.- ¿Haces la tarea más importante al inicio incluso si es la más desafiante? **Sí / No**

5.- ¿Inspiras y estimulas a otros a perseguir sus sueños y lograr sus metas y objetivos? **Sí / No**

6.- ¿Te estimulas a ti mismo y a otros a llegar más allá y mejorar o incrementar lo que hiciste antes? **Sí / No**

7.- ¿Dices «no» si alguien te pide hacer algo que va a interferir con tus prioridades?   **Sí / No**

8.- ¿Te inspiras y estimulas a ti mismo y a otros para hacer lo que se necesita hacer para lograr el éxito?   **Sí / No**

9.- ¿Realizas algunas tareas manualmente que podrían ser hechas de manera más efectiva a máquina, computadora o dispositivo móvil?   **Sí / No**

10.- ¿Haces cosas por otras personas que podrían hacer ellos mismos?   **Sí / No**

11.- ¿Con regularidad te aventuras a hacer cosas nuevas para lograr tus sueños/metas/objetivos?   **Sí / No**

12.- ¿Tienes mente abierta para hacer cosas de manera diferente en lugar de frenarte por tus maneras antiguas de operar?   **Sí / No**

13.- ¿Te vas alguna vez por la tangente comenzando un proyecto en el cual tienes poco interés o sabes que quizás no lo termines?   **Sí / No**

14.- ¿Enseñas a otros, antes que nada, a lograr metas fáciles a corto plazo que ayudan a edificar su confianza?   **Sí / No**

15.- ¿Operas por medio de una planificación preventiva en la mayor medida posible en lugar de tener una crisis de administración? **Sí / No**

16.- ¿Realizas bien varias tareas a la vez, inspirando y alentando a otras personas? **Sí / No**

17.- ¿Pones a otros primero al manejar las preocupaciones de socios/clientes tan pronto como te sea posible? **Sí / No**

18.- ¿Socializas todos los días, ya sea en persona o por teléfono, correo electrónico, mensajes de texto, medios sociales, con amigos o familia durante el tiempo que tienes que ser productivo? **Sí / No**

19.- ¿Evitas que te distraigan en tiempos que pueden ser de súper productividad con cosas tales como: periódicos, revistas, TV, amigos, actividades de pasatiempo, deportes, jugar en la computadora o dispositivos móviles, correos electrónicos y mensajes de voz, mensajes de texto y otras actividades no-productivas de poca prioridad? **Sí / No**

20.- ¿Agrupas diligencias necesarias de manera efectiva o haces compras en línea, en lugar de hacer viajes a varios supermercados o tiendas? **Sí / No**

Ahora cuenta cuántas respuestas «sí» y cuántos «no» tienes. Si tus respuestas «no» son más que los «sí» estás perdiendo tiempo y no estás siendo productivo y efectivo estimulándote a ti mismo y a otros para ser personas súper productivas como podrían serlo. Si tienes de 5 a 10 respuestas «no», trabaja para mejorar tu habilidad para guiarte a ti mismo y a otros. Si contestaste «no» a más de 15 preguntas, reevalúa tus prioridades y enfócate más en ellas.

Periódicamente, vuelve a hacerte la prueba mientras que avanzas hacia delante para llegar a ser más productivo; programa un sonido de alerta en tu dispositivo móvil para recordarte. ¡Estarás feliz de haberlo hecho! La meta es, por supuesto, 20 «sí».

Respuestas condicionadas

Mientras que es cierto que todos tenemos 24 horas al día, siete días a la semana, y doce meses del año; también es verdad que no hay dos personas que sientan lo mismo en cuanto al tiempo. Relojes, despertadores, horarios, calendarios, alarmas y libros de historia evocan diferentes emociones de diferentes personas.

La mayoría de estas emociones son respuestas condicionadas; es decir que se han formado en el consciente y el subconsciente de los individuos a través de varias experiencias y de la manera en que ellos perciben esas experiencias. Lo más probable es que una «buena» experiencia repetida frecuentemente va a desarrollar una buena actitud. Una «mala» experiencia repetida con frecuencia puede provocar una mala actitud al respecto, especialmente si la persona todavía no ha entendido que siempre hay algo bueno que se puede ganar de la llamada mala experiencia.

Esto fue demostrado cuando una empresa cambió los días de pago de viernes a lunes. Los empleados dejaron de decir «gracias a Dios es viernes» tanto como solían hacerlo y el índice de absentismo los días lunes mermó más del 30 por ciento. La gente llegaba al trabajo sonriendo en lugar de llegar frunciendo el ceño, gimiendo o quejándose.

¿Te has puesto a pensar porqué te sientes de tal o cual manera en cuestiones relacionadas con el tiempo? Date a ti mismo una simple prueba de análisis. ¿Qué emociones sientes cuando escuchas estas palabras: llegar tarde, trabajo, presión, plazos, compromisos, interrupciones, distracciones, retrasos, reuniones, espera, morosidad, carrera, cronógrafo, reloj de control de asistencia, marcador de tarjetas, organización, horarios?

Vas a descubrir que esas respuestas emocionales en cuanto a palabras relacionadas con el tiempo, varían—incluso entre aquellos que tienen antecedentes, trabajos y negocios, horarios y vida social similar.

Para aquel que odia ir al trabajo, como lo hacen dos de cada tres personas, el sonido del despertado es espantoso. Anuncia que es el inicio de otro día aburrido o día estresante de poner tiempo a cambio de un cheque de pago.

Mientras que, a otras personas, quizás un dueño de negocios entusiasta, el sonido del despertador es señal de una oportunidad emocionante para comenzar las actividades del día—ser tan productivo como sea posible, disfrutando el proceso.

Para aquéllos que están orientados al servicio— tanto a socios como a clientes—las interrupciones frecuentes sirven como recordatorio que ellos son vitales para esas actividades de negocio. Para aquéllos con actitud negativa, las interrupciones frecuentes, son agravantes de las frustraciones de detener una labor de trabajo que no se aprecian e incluso se resienten. Eso es algo desafortunado, ya que todos estamos aquí para servir. La flexibilidad es parte de ser una persona súper productiva.

Observa tus propias respuestas emocionales al tiempo y a las situaciones. Cuando identifiques sentimientos negativos que normalmente te hacen reaccionar de una manera negativa, puedes trabajar para reformarlos, cambiarlos por sentimientos y comportamientos más positivos. Cuando identifiques sentimientos positivos, te vas a sentir con más confianza en cuanto a las responsabilidades que tienes, como una persona súper productiva que invierte sus energías sabiamente. Puedes recordar estos sentimientos y usarlos de una manera aún más directa—repitiéndolos a voluntad. El control sobre la actitud es uno de los rasgos de las personas súper productivas.

Maximiza la restitución de tu inversión de tiempo—
Sé súper productivo, no solamente te mantengas súper ocupado

El sentimiento negativo más común acerca del tiempo es una sensación de que estas demasiado *ocupado*, pero realmente no tan *productivo*. Los estudios han demostrado que no importa en qué esté la gente de negocios, están sujetos a la «regla 80/20», el Principio de Pareto. Invariablemente, 20 por ciento de sus actividades rinden 80 por ciento de su progreso; mientras que 80 por ciento de su tiempo usualmente es usado en trabajo pesado que produce solamente 20 por ciento de sus logros.

La única manera de conseguir más rendimiento sobre la regla 80/20 es al establecer prioridades y luego dedicar tiempo a cada una de ellas, según su orden. Por ejemplo, no hables con tu vecino de las últimas noticias negativas, cuando podrías estar hablando y construyendo una relación con tu potencial cliente o socio. No te permitas quedar atrapado—sin rumbo—en pláticas con aquéllos que ya conoces, cuando podrías estar conociendo gente nueva con quienes podrías expandir tu campo de influencia y construir tu carrera o negocios.

Permanece en cada tarea hasta que la termines o avanza todo lo que puedas en ese día o esa tarde. No ocupes tu tiempo en tareas que alguien más podría hacer, algo que no necesita ser hecho a esa hora o quizás no tiene que hacerse. Te irá mejor invirtiendo ese tiempo trabajando para completar un objetivo mayor.

Toma la tarea de mayor prioridad primero cada día, incluso si es la más difícil, comienza lo más temprano posible en el día o en la tarde. Tú puedes lograr dos cosas haciendo esto: primero, tú estás más propenso a hacer progreso cada día. Segundo, tú mantienes más control de lo que puedes lograr, incluso si se presentan interrupciones más adelante, como ya has completado tu prioridad más importante, o por lo menos has avanzado hacia completarla.

Atiende la interrupción solamente si va a tomar menos de dos minutos. De otra manera, puedes programar un aviso en tu dispositivo móvil o escribir una nota de recordatorio para ti mismo para hacerte cargo de ello más adelante. Luego regresa rápidamente a tu tarea más importante. Usa la siguiente información, expandiéndola para satisfacer tus necesidades en la creación de tus tareas diarias por orden de prioridad.

Tabla de Enfoque de Prioridades

Orden de prioridad	Item	Meta o objetivo	Siguiente paso	¿Quién más puede hacerlo?
Muy importante				
Importante				
Rutina o mantenimiento				
No es esencial				

Usa tu tiempo más importante en tus tareas más prioritarias, tomando una a la vez hasta que hayas terminado o hayas avanzado lo suficiente en la medida posible en ese momento. Después de haber llenado el cuadro anterior, úsalo para enfocarte en la tarea que realmente merece tu mayor atención para lograr el objetivo.

Una vez que hayas comenzado a usar tu tiempo más importante en tu tarea más prioritaria, no tendrás tiempo para hacer lo que, en el pasado, llegó a ser «acaparador de tu tiempo» y actividades que solías atender que no servían a tus objetivos. Te sentirás más propenso a darte cuenta que mucho de eso eran simplemente hechos inconscientes para evitar trabajar en los retos de la tarea más importante.

Hay un viejo adagio llamado Parkinson's Law of Triviality (La ley de Trivialidad Parkinson) que dice: «El trabajo se expande para llenar el tiempo disponible para su finalización», pero las personas súper productivas no participan en eso. No están interesadas en arrastrar una tarea que puede ser completada en un periodo de tiempo más corto. Ellos tienen un sentido agudo de urgencia para completar cosas y disfrutan hacer más en menos tiempo.

Toma unos pocos minutos para hacer una lista de las actividades que están estorbando tu progreso hacia el logro de tus sueños, metas y objetivos.

Por ejemplo:

1.- ¿Estás poniendo en orden alfabético los nombres de los potenciales clientes en lugar de solamente llamarlos?

2.- ¿Te estás relacionando con personas que te desaniman a perseguir tus sueños?

3.- ¿Estás atendiendo responsabilidades que otros podrían hacer en tu lugar?

4.- ¿Estás simplemente socializando con tus asociados en lugar de animarlos a crecer?

Si contestas «sí» a éstas u otras preguntas similares, comienza a hacer lo que sea necesario para abandonar estas prácticas que son pérdida de tiempo. Una de las mejores maneras de deshacerte de actividades que ocupan tu tiempo, es dárselas a alguien más que podría beneficiarse haciéndolas. Entre más alientas a otros, más aprovechas tu tiempo, más libertad vas a tener. Puedes usar esta lista de la siguiente sección como un ejemplo de ideas que se pueden aportar de formas de cómo estimular a otros. Pero primero hazte estas preguntas:

1.- ¿Lo que estoy haciendo es parte del sistema de éxito que me han enseñado para la profesión en la que estoy involucrado?

2.- ¿Es duplicable? (¿Pueden los socios emular fácilmente lo que yo estoy haciendo?)

3.- ¿Qué necesito hacer enseguida para poder enseñar a mis socios qué hacer?

4.- ¿Hay alguien que es más conocedor y experimentado que pueda ayudarme a tomar provecho de mis habilidades?

Aprovecha tu tiempo estimulando a otros a hacer lo que tú estás haciendo

¿Estás haciendo actividades, personal y profesionalmente, que podrían hacer otras personas? Cada vez que enseñas y alientas a otros a hacer una tarea, te liberas de esa actividad y tienes más tiempo para lo que quieras o necesites hacer. Eso es aprovechar tu tiempo.

Piensa en cuatro tareas de rutina que haces con regularidad y que podrías dejárselas a alguien más para que las haga. Ve los siguientes ejemplos para darte una idea:

Tarea	Frecuencia
1. Cortar el césped	Una vez por semana

2. Cuidar a Susie	Cuando hacemos actividades de negocio en la tarde o fines de semana
3. Limpiar la casa	Dos veces por semana

Ahora, prepara un plan específico para tener a alguien que haga esas tareas:

Tarea	Delegado a	De esta manera
1. Cortar el césped	Vecino	Contratar a Nate, maestro que corta césped de medio tiempo
2. Cuidar a Susie	Mamá, hermana, vecina	Llamar una semana antes
3. Limpiar la casa	Hija y/o hijo	Crear una gráfica de responsabilidades de los niños

En el mundo financiero, los inversionistas se refieren a sus rendimientos de inversiones como, RDI. En materia de liderarte a mí mismo y alentar a otros, piensa acerca del rendimiento de tu *tiempo* invertido.

Por cada cuatro horas que dedicas a tu trabajo o negocio, y para la calidad de tu vida, pregúntate qué tanto rendimiento (ingreso, ganancias, placer, relaciones, reconocimientos, libertad o algún otro beneficio) estás recibiendo. Así es como llegas a estar consciente de qué tan bien estás invirtiendo tu tiempo. Lo siguiente va a ayudar a con el logro de esa meta

Calibra tu tiempo

¿Sabes específicamente qué estás haciendo durante los minutos y horas de tus días y los días de la semana?

Por una semana, mantén un registro de actividades por hora—tanto de negocios como personal. Al final de la semana, suma la cantidad de horas que pasas en varias actividades. Esto te va a ayudar a determinar si estás invirtiendo tu tiempo o simplemente llenándolo o pasándolo en actividades que no son productivas.

Tiempo actividad	Tiempo no planeado	Tiempo planeado
Familia	_____	_____
Actividades cívicas	_____	_____
Diversión	_____	_____
Llamadas	_____	_____
Educación continua	_____	_____
Comer	_____	_____
Mensajes de texto	_____	_____

Trabajo de oficina _____ _____

Planificación _____ _____

Prospección _____ _____

Actividades
religiosas _____ _____

Dormir _____ _____

Estudiar _____ _____

Medios sociales _____ _____

En el Internet _____ _____

Televisión _____ _____

Pensar/planear _____ _____

Viajando _____ _____

Esperando _____ _____

Otra actividad _____ _____

Limpia el desorden

Una manera simple de maximizar tu rendimiento de inversión de tiempo es desarrollar una visión concentrada de túnel. Siempre que estés trabajando en algún reto, limpia el área donde toman lugar tus actividades de negocios de todo lo que no esté relacionado con ese objetivo. Eliminar desorden que te distrae, te permite enfocarte en la prioridad más importante hasta que la tarea sea completada.

Cuando termines la tarea, limpia todos los materiales que usaste en la tarea previa y reemplázalos con los materiales de la siguiente tarea, ya sea digital o papel (lista, carpetas, libros, manuales, catálogos, archivos, instrucciones, aplicaciones, etc.). Procede como antes, poniendo tu mayor esfuerzo para mantener el control, todo el tiempo, sobre la información que viene a tu vida personal y de negocios. Mantén un buzón o una carpeta, ya sea digital o de papel, para todos los asuntos que no has revisado; uno para negocios y otro personal.

El papeleo ha sido reconocido como un proceso de gran pérdida de tiempo. Supuestamente, las computadoras iban a hacer una ayuda en esta materia, pero en realidad han creado más papel. Increíblemente, muchas personas siguen usando notas, memos y reportes como si estuvieran manejando un archivo nacional. Lo amontonan prácticamente para siempre a la vista, pero esa clase de extrema precaución puede ser costosa tanto en tiempo como en dinero y, por lo general, es completamente innecesario. Si son necesarios, rápidamente archiva estos asuntos para que estén fuera de tu vista, pero fácilmente accesibles.

Afortunadamente, los dispositivos móviles y las aplicaciones han ayudado a agilizar el rendimiento de las tareas, tanto personales como de negocios, así como también proveer comodidades sin precedentes, portabilidad, pulcritud y organización, todos contribuyendo a tu habilidad para ser una persona súper productiva. Esto es, por supuesto, cuando no permites la distracción de mensajes de texto, redes sociales, llamadas por teléfono y otras tentaciones que no son productivas.

Muchos de nosotros recibimos cientos de correos electrónicos cada semana, mensajes de texto, difusión multimedia y cosas por el estilo, que no son esenciales; eso sucede porque tienen sus nombres en una lista de suscripción para re-enviar. Salirse, darse de baja, renunciar a esa lista o bloquear o filtrar ciertas comunicaciones para que no llamen tu atención, si éstas no apoyan tus metas, va a ahorrarte tiempo valioso.

También haz lo siguiente:

1.- Descarta o borra documentos obsoletos que sean innecesarios. Para minimizar desorden, usa páginas web proveedores mayoristas para referencia, mientras tienes en tu archivo solamente catálogos impresos y panfletos pertinentes para impulsar tu carrera, tus negocios y objetivos. Borra con regularidad todos los correos electrónicos, mensajes de texto que no te sirven y tira toda la correspondencia que no te sirva en el bote de la basura tan pronto como llegue.

2.- Busca material condensado. No solicites información, estadísticas o reportes, a menos que sean de vital importancia. Si es posible, consigue una versión pequeña o extracto pertinente. En lugar de un reporte en papel, usa archivos digitales siempre que te sea posible.

3.- Maneja la comunicación solamente una vez. Si es esencial para lograr tus prioridades, contesta los memos, cartas, mensajes de texto, correos electrónicos cuando los recibas, si lo puedes hacer en dos minutos o menos de eso. De otra manera, fija una hora o dos cada día para responderlos cuando sea necesario. Lee reportes, panfletos y folletos en una sola sesión; escanea toda la información pertinente que sea de tu enfoque, subraya lo que es importante para ti.

4.- Que tu respuesta sea breve. Nunca uses el correo postal cuando puedas enviar un correo electrónico o mensaje de texto efectivamente. Nunca escribas una «tesis» si puedes hacer un memo breve, correo electrónico o mensaje de texto. Sé conciso, pero amigable y amable.

5.- Limpia tus archivos. Revisa tus papeles y archivos digitales cada 12 meses, borra o deshazte de lo que ya no necesitas. Cancela cualquier archivo de cualquier operación completa y re-designa los suspendidos a un estado secundario. Elimina archivos de referencia que nunca usas. Guarda los archivos, ya sea de papel o digitales, que contienen números de teléfono a los que llamas continuamente, direcciones de correos electrónicos, direcciones de mensajes de texto, recordatorios y avisos de recordatorio y una lista de proyectos y planes de tus ideas antes de abordarlos. Mantén tu cuaderno de direcciones solamente con información de personas claves.

En general, coloca información que no sirve en tu bote de basura y envía información digital inservible al reciclaje todos los días, en lugar de archivar documentos y archivos digitales indefinidamente.

¡Abandona el hábito de detenerte—_Deja inmediatamente el hábito de aplazar... AHORA!_

Ben Franklin dijo: «Las dos cosas que más odio de las actividades diarias, son ir a la cama y levantarme de la cama».

En su manera muy particular, Franklin había explicado lo que los expertos de tiempo y movimiento llaman el poder de la inercia. Es lo que hace que nosotros deseemos seguir haciendo lo que estamos haciendo en la actualidad. Si estamos descansando, tenemos la tendencia a seguir descansado. Es por esta razón que aplazar actividades es tan común. Si estamos trabajando, sin embargo, tenemos la tendencia a seguir trabajando. Un cuerpo en movimiento tiende a quedarse en movimiento.

A menos que la gente se obligue a dar el primer paso de acción para comenzar una tarea y continuar el suficiente tiempo para vencer la inercia, se hace cada vez más fácil el seguir haciendo actividades de mantenimiento para llenar el tiempo y actividades de evasión. Aplazar las cosas es uno de los peores hábitos que una persona con el potencial de llegar a ser súper productiva puede tener. Innumerables sueños, metas y aspiraciones simplemente pasan porque mucha gente está atrapada en una vida de agotamiento y aplazamiento perpetuo que le roba los sueños.

Aplazar se parece mucho a mentir. Caer en este hábito, aunque sea un poco, puede incluso conducirnos a un mal hábito. Antes de lo que te imaginas, te puede meter en serios problemas como resultado de no completar tareas esenciales que son prioridad. Esto conduce a retos relacionales causados por la persona que aplaza y no hace las cosas; irritando a aquellos que están asociados con él, personal y profesionalmente, creando un círculo vicioso. Dicho de una manera simple, aplazar las cosas puede conducirnos a dificultades en el trato con los demás.

No todas las actividades y situaciones son divertidas y comenzar a abordar ciertas cuestiones o tareas con frecuencia puede ser algo desalentador. Afortunadamente, existen maneras de lidiar con eso.

Si la tarea parece abrumadora, recuerda lo que dijo Henry Ford acerca de que ningún trabajo es difícil cuando se divide en varios proyectos pequeños. Ese toque de sabiduría me ayudó a escribir libros. Después de trabajar muchos años como columnista de un periódico y escritor de artículos de revista, a mí me pidieron que escribiera un libro largo y detallado acerca de la vida del autor Jack London.

Debido al hecho de que nunca había escrito nada más largo de 3.000 palabras, escribir un libro parecía una tarea abrumadoramente monumental. Al sentir mi aprensión, mi publicista me dijo: «No pienses en un libro de 325 páginas. Piensa en 15 capítulos con 15 artículos con características individuales de un tema relacionado. Cuando los 15 artículos en las series estén terminados, vamos a armarlos como una colección y eso se va a convertir en un libro». Con esta nueva perspectiva, preparé 15 artículos y un año después fue publicado mi primer libro. «Yo seguí escribiendo libros y nunca he mirado atrás.»

Tú puedes seguir el mismo enfoque. Siempre que una tarea parezca inmensa, enfócate solamente en el primer paso de acción; completa ese paso, luego muévete al siguiente. Te vas a animar si haces algo cada día. Te va a dar la confianza y motivación de superar el hábito de aplazar las cosas.

Un consejo oportuno

Como se señaló anteriormente, este capítulo no pretende ofrecerte un estudio profundo de todos los aspectos de conducirte y estimular a otros. De eso pregúntale a tus anfitriones, líderes o mentores que te recomienden libros o audios. Léelos o escúchalos, toma notas y pon en acción lo que has aprendido. No seas una de esas personas que dice: «Voy a pasar tiempo estudiando acerca de cómo conducirme y estimular a otros … tan pronto como pueda». ¡Comienza a hacerlo ahora! Poner excusas no te llevará a ningún lugar.

Mientras tanto, aquí está una descripción general—un abecedario de las maneras principales de cómo trabajar de manera efectiva y llegar a estar más consciente de cómo guiarte a ti mismo y por medio de tu ejemplo, a otros.

A. En lugar de hacerte de menos por perder tiempo, ten la determinación de guiarte con sabiduría y estar enfocado en tus prioridades profesionales y personales. Luego fortalécete de una manera positiva, por ejemplo, diciendo en voz alta, «¡Muy bien! ¡Lo hice!»

B. Aprende a decir «no» sin sentirte culpable. Si se te pide hacer una tarea y tienes otras prioridades que te imposibiliten hacerla hasta que hayas terminado el proyecto en el cual estás trabajando actualmente, dilo de una manera amable. Tomar tiempo que interfiera con el logro de tus objetivos puede construir resentimiento dentro de ti y hacia ti mismo; así como también dañar la relación con otra persona. A la larga, lo que es bueno para ti es bueno para ellos, ya sea que lo sepan o no lo sepan en ese momento.

C. Diseña un panorama de todas tus actividades con un mapa mental y planea tus actividades diarias de acuerdo con esto. Luego trabaja persistentemente y activamente en tu plan, sin importar nada más.

D. Nunca consideres la derrota como una opción. Concéntrate en tus fortalezas y afina cualquier área que pueda amenazar o impedir tu progreso.

E. Pon tus tareas juntas. Siempre que sea posible, haz dos cosas a la vez; es decir, llena sobres mientras estás en el teléfono, escucha un audio de educación continua mientras haces las rutinas del baño en la mañana o en la tarde, o mientras viajas en tu vehículo, o cuando vayas a caminar.

F. Evita la política de mantener la puerta abierta en la mayor medida posible. Tú necesitas tranquilidad y tiempo sin interrupciones siempre que te estés concentrando. Las interrupciones constantes son ladrones de la súper productividad.

G. Ten reuniones solamente cuando es absolutamente necesario. Cuando tengas una, prepara por adelantado una agenda específica y apégate a ella. Mantén a la audiencia enfocada y orientada a las soluciones.

H. Planea segmentos de 24 horas cada noche antes de ir a la cama. Cumple tu plan, atendiendo interrupciones rápidamente y regresando a tus prioridades lo más pronto posible.

I. Fija metas y esfuérzate por alcanzarlas en un plazo concreto.

J. Habla con valor si el trabajo lento de alguien más está retrasando el cumplimiento de alguna de tus tareas. Comunica tus preocupaciones a la persona apropiada de una manera franca, firme, pero amigable.

K. Mantente radiante y saludable. Toma vitaminas y suplementos, haz ejercicio regularmente, come comida nutritiva, mantente en tu peso ideal, duerme suficiente y ve a que te hagan chequeos médicos regulares. El tiempo que uno pasa enfermo no es productivo, es tiempo desperdiciado.

L. Regresa las llamadas antes de medio día o justamente antes de las 5 pm cada día laboral y además cuando andes algo apurado. Esto puede prevenir que las demás personas divaguen y pierdan su tiempo.

M. Usa tiempo cuando andes manejando para escuchar audios que pueden ayudar a motivarte y enseñarte algo. En lugar de meterte a tu vehículo en la mañana y en la tarde y encender el radio, escucha un audio que te enseñe cómo construir tu negocio, carrera, tu cartera de clientes, incrementar tus ventas o desarrollarte personalmente y mantener una buena actitud.

N. Si usas maletín, mochila, mensajero o bolsa de mano, asegúrate de siempre tener dentro algo positivo para leer, ya sea en papel o en tu dispositivo móvil y algo con qué escribir y dónde escribir. Entonces, si tienes un atraso debido al tren que llega tarde, el avión o el tráfico o si tienes que estar sentado en una sala de espera, puedes invertir tu tiempo sabiamente.

O. En lugar de tomar largos descansos del trabajo para tomar café, toma descansos de cinco minutos. Esto te refresca, pero no te da tiempo para perder el impulso.

P. Aprende de tus errores y no los vuelvas a repetir.

Q. Recuerda la ley de Trivialidad de Parkinson: «El trabajo se expande para llenar el tiempo disponible para su terminación». Si te das a ti mismo tres días para completar una tarea, vas a tomar por lo menos tres días; si te das tres horas para llevarlo acabo, vas a tomar por lo menos tres horas. Así que haz que tu tiempo para tus tareas sea tanto realista como desafiante.

R. Siempre espera y acepta el cambio como una oportunidad para crecer. Está listo para cualquier cosa y adáptate rápidamente cuando venga, incluyendo innovaciones tecnológicas.

S. Usa dispositivos de alta tecnología que puedan ahorrarte tiempo siempre que puedas pagar por ellos y sean apropiados: computadoras portátiles, teléfonos inteligentes, beepers, audio y video, tabletas electrónicas, otros dispositivos móviles, aplicaciones y programas de redes.

T. Recuerda esta regla cuando se trate de tomar decisiones: «¡Toma una decisión y tómala correctamente. Lidera, sigue o quítate del camino!»

U. Consume almuerzos ligeros. Los almuerzos pesados te ponen lento durante la tarde.

V. Si no tienes un lector de libros electrónicos o dispositivo móvil con una aplicación para un libro electrónico, carga dos libros contigo todo el tiempo: uno libro de positivismo para leer cuando de repente tengas tiempo «libre» inesperado y uno con páginas en blanco (puede ser una agenda de papel) así puedes escribir cualquier idea que se te venga a la mente de repente.

W. Organiza tu área de trabajo para que tu teléfono de planta, teléfono celular o dispositivo móvil, basurero, bandejas de entrada y salida, archivadores, intercomunicadores, o tablero de anuncios estén accesibles.

X. Usa «ruido blanco» (por ejemplo, el zumbido de un deshumidificador, ventilador, o música con volumen bajo) para anular ruidos distractores externos.

Y. Ten presente que las siestas cortas dan energía extra a tu cuerpo. Napoleón Bonaparte, Jules Verne, Thomas Edison, Bill Gates y Colin Powell, todos ellos tomaban siestas de 15 minutos para revitalizarse. Pon tu cabeza hacia abajo, elimina de tu mente todos los pensamientos, respira de maneja uniforme y duérmete por unos minutos.

Z. Acostumbra un poco de tiempo de inactividad en tu horario y tu plan (por ejemplo, una cita abierta de vez en cuando o tiempo de almuerzo más corto) de modo que esas interrupciones improvisadas no causen pánico.

Programa y Plan Diario

Fecha de hoy: _____

Meta de esta semana: _____

Meta de este mes _____

Prioridad de este año _____

Mis prioridades personales	Paso de acción para hoy	Mis prioridades de carrera o negocio
	Tareas fijas	

Correo electrónicos, mensajes texto o cartas que escribir	Llamadas a hacer	Citas y/o otras actividades programadas	Misceláneo

Para ser una persona efectiva y súper productiva, invierte tu tiempo y energía sabiamente. Condúcete a ti mismo de manera consciente y alienta a otros con tus palabras, tu actitud y tu ejemplo. Continuamente pregúntate: «¿Qué beneficio estoy recibiendo del tiempo que estoy invirtiendo?» ¿Estoy haciendo la tarea que tiene más prioridad de la mejor manera posible?»

Como lo dijo Margaret Thatcher, ex Primer Ministro de Gran Bretaña: «El disciplinarte para hacer lo que sabes que es correcto e importante, aunque difícil, es el camino verdadero a … autoestima y satisfacción personal».

El Cuarto Secreto: **Dirígete y estimula a otros para trabajar de forma inteligente...**

Si estás emocionado por la compensación no salarial y por ser dueño de negocio o empresario; no dejes que nadie te detenga. Sin duda, quieres mejorar la experiencia de tu vida y te gusta el potencial de ingresos, así como también la oportunidad para el crecimiento personal y profesional, la libertad y la flexibilidad. Mantente mentalizado para todo ello y para ayudar a mantener la tensión fuera y energizarte durante los desafíos.

El Quinto Secreto

Vence ciertos retos de manera creativa

*Las posibilidades de la vida son para tomarlas
y sus retos para enfrentarlos y vencerlos—para
que así podamos crecer y llegar a ser mejores
de lo que somos, crear una mejor vida y
cumplir nuestro destino.*

Existen muchas razones para llegar a ser una persona súper productiva y muchos beneficios que se pueden obtener al hacerlo. Éstos incluyen: independencia, un estilo de vida más agradable, seguridad financiera, reconocimiento, rendimiento admirable, gran influencia, altruismo, filantropía, desarrollo y mejoramiento de la salud y mucho más.

Aunque las personas súper productivas están más propensas a construir mejores vidas, carreras y negocios, eso no sucede de la noche a la mañana y tampoco elimina los retos de la vida, como la muerte y los impuestos, los cuales están aquí para quedarse. Sin embargo, a diferencia de esas dos certidumbres, la mayoría de los obstáculos se pueden superar.

Ahora vamos a aprender cómo los profesionales en resolución de problemas resuelven los dilemas que se les presentan. Además, vamos a desmentir la creencia que el reto más grande que tienen las personas súper productivas es estrés acumulado y, por añadidura, vamos a observar dos retos principales que quizá estés enfrentando en tu actual carrera o negocios y mostrarte cómo puedes lidiar con ellos.

Los retos para solucionar problemas son oportunidades para crecer—*¡Dales la bienvenida!*

Lo primero que aprendí después de dejar la profesión del magisterio para convertirme en ejecutivo de RP (relaciones públicas) fue que mi función principal de todos los días sería servir como un solucionador de problemas. Si había algún conflicto interno de unidad entre los empleados, los ejecutivos de RP eran llamados para servir como árbitros.

Si había mala percepción de la organización de parte del público, se le ordenaba a la gente de RP que lo corrigiera. Si había falta de visibilidad, si había disminución de clientela, una avería de comunicación entre los departamentos o incluso mala selección en el menú de la cafetería, era el Departamento de RP el que usualmente recibía la primera llamada.

Por un tiempo, estuve desconcertado por todas las llamadas que recibía. *¿Por qué yo?* Me preguntaba. Lo que quiero decir es que, si las bases del edificio estaban en mal estado, ¿por qué no llamar al departamento de mantenimiento? Si la distribución diaria de correspondencia estaba retrasada, ¿por qué no llamar al control de despacho? ¿Por qué todos asumían de manera automática que si había alguna necesidad tenían que llamar al departamento de RP para que resolviera cada problema que surgía?

La respuesta a eso se hizo obvia después de pocos meses de estar en ese trabajo. Los trabajadores de RP parecen tener la reputación de apagar fuegos, disminuir tormentas y calmar aguas turbulentas. Las metáforas variaron, pero las sustancia era la misma: las personas de RP era vistas como *profesionales para solucionar problemas.*

A medida que te desarrollas como persona súper productiva, vas a adquirir reputación como alguien que hace las cosas y las hace de manera correcta. Por lo tanto, más y más personas se volverán a ti y te verán como alguien que soluciona problemas. Cuando los ayudes a solucionar problemas, mientras que los asistes para que logren sus sueños y objetivos, tu carrera en los negocios se puede elevar.

Acepta la oportunidad de solucionar problemas en lugar de alejarte de ellos. Está en la superación y la enseñanza a otros a superarse que nosotros crecemos y nos convertimos en lo mejor que podamos ser. Entre más grande el problema, más grande es la oportunidad de crecer. Existe algunos procedimientos simples que las personas súper productivas pueden adoptar y que pueden permitir que resuelvan la mayoría de los problemas que enfrentan en su vida personal y profesional.

La manera creativa de solucionar problemas paso por paso

Aquí hay media docena de pasos que te van a mostrar cómo volverte creativo en la solución de problemas:

1.- Adquiere una imagen completa del problema, incluyendo lo bueno que puede resultar al solucionarlo

2.- Determina con precisión el área específica del problema

3.- Crea una lista de ideas acerca del área específica el problema, escribe las ideas para solucionarlo

4.- Dedica la mitad de tu tiempo de análisis mental para calcular los pros y contras de la posible soluciones

5.- Haz una lista de tus mejores opciones de solución que te harán ganar

6.- Da prioridad a las mejores opciones de solución y comprométete a hacer que funcionen

El primer paso para solucionar problemas de una manera creativa—*Obtén una imagen completa del problema, incluyendo lo bueno que va a resultar de solucionar el problema*

Supongamos que tú no llegaste a la meta de expansión de la organización los últimos cuatro meses. Por ejemplo, no inscribes tantos clientes y socios como tenías planeado.

Para analizar la situación, haz una lista de todo lo relacionado con el éxito o el fracaso para lograr ese objetivo. Tal vez notes cosas como reuniones y amistades con personas nuevas; compartir tu producto, servicio u oportunidad para guiar a personas a afiliarse contigo o compartir y continuar la relación. Al hacer una lista de descripción general, vas a lograr una imagen completa de lo que estás lidiando.

El segundo paso para solucionar problemas de una manera creativa—*Determina con precisión el área del problema que necesitas fortalecer*

Analiza cada factor que enumeraste en la descripción del problema en la fase anterior, paso uno de tu procedimiento creativo para solucionar problemas.

Usando el ejemplo anterior, digamos que, como parte del análisis cuidadoso de todos los factores, tú examinas las siguientes preguntas:

1.- ¿Qué tan serios han sido tus esfuerzos en cuanto a conocer y hacer amistades con gente nueva y, subsecuentemente, generar interés en tu producto, servicio u oportunidad?

2.- ¿Qué niveles de disciplina has demostrado al darle seguimientos a los potenciales clientes?

3.- ¿Qué clase de habilidad de liderazgo, o falta del mismo mostraste para ayudar a esas personas a involucrase como clientes o como socios?

4.- ¿Te preocupas lo suficiente por la gente con la que estás trabajando, ayudándolos de cualquier manera cuando necesitan tu asistencia para ir hacia adelante?

5.- ¿Necesitas sanar una relación que ha sido quebrantada?

Concluyes en que necesitas conocer nuevas personas en cualquier lado. Tú eres bueno para hacer nuevos amigos, pero tal vez pierdes el enfoque cuando llega el momento de compartir lo que tienes que ofrecer. Por lo tanto, rara vez llegas a primera base cuando se trata de expandir tu negocio. Tu análisis ha reducido lo suficiente tu enfoque del problema para poder ser examinado cuidadosa y correctamente.

El tercer paso para solucionar problemas de manera creativa—*Estudia cuidadosamente el área específica del problema y escribe las ideas para solucionarlo. (Si es necesario, pide ayuda a tu entrenador de éxito, mentor o líder.)*

1.- Analízalos desde ambos puntos de vista, tanto el tuyo como el de tu posible cliente

2.- Analízalos en relación a cómo estás manejado el problema y las formas en que tus socios y líderes lo están manejando

3.- Compara tu éxito en el manejo de problemas de hoy, con tu éxito en el manejo de problemas del año pasado, dos años atrás y cinco años atrás

4.- Toma en cuenta todos los factores, con algunos de los cuales tienes que lidiar para alcanzar tu objetivo, que quizá sin darte cuenta hayas ignorado anteriormente

Por ejemplo, quizás estés yendo a los mismos lugares donde siempre estás hablando con las mismas personas—solamente pasando el tiempo. Quizás sea un poco aburrido, pero estás acostumbrado y estás familiarizado con eso. Seamos sinceros; estás en una rutina que no se mueve hacia adelante.

Invierte tiempo analizándote con relación al reto: ¿Crees que eres demasiado viejo o demasiado joven para hacer cambios? ¿Tienes deseos lo suficientemente fuertes para cambiar la situación exitosamente? Una vez que te hayas concentrado en muchos aspectos de tu reto específico y, quizás consultado con alguien que lo ha vencido, vas a tener toda una gama de ideas en las cuales basar tus acciones.

El cuarto paso para solucionar problemas de manera creativa—*Dale la mitad de tu tiempo analítico para calcular pros y contras de la posible solución*

Vas a hacer esto de modo subconsciente. Antes de comenzar tu día o tarde normal, saca los apuntes que escribiste durante la sesión de tiempo de estudio y léelas de nuevo. Al final de la tarde, léelas antes de irte a dormir. Entre horas, no te preocupes por hacer un esfuerzo consciente para solucionar tu problema. En lugar de eso, cada vez que tu subconsciente te envíe una posible solución a la mente, anótala y guárdala. Dale tiempo a tu subconsciente para analizar el ámbito completo de la situación.

El quinto paso para solucionar problemas de manera creativa—*Haz una lista de tus soluciones con las cuales todos ganan*

A estas alturas, a tu subconsciente se le han ocurrido aproximadamente de una a cuatro soluciones creativas.

Usando como ejemplo nuestro el reto de expansión de nuestro negocio, tu mente tiene respuestas como:

1.- Fortalecer tu mente y enfocarte en tu sueño

2.- Hacer una lista de oportunidades para conocer a personas nuevas

3.- Aprender a conocer a personas nuevas y hacer amigos

4.- Explorar oportunidades para continuar tu educación en tu negocio y prepararte mejor para presentar lo que tienes que ofrecer de una manera apropiada e interesante

El sexto y último paso para solucionar problemas de manera creativa—*Prioriza tus mejores soluciones para ganar-ganar y comprométete a hacerlas funcionar*

Sigue adelante con acciones, ten confianza en tu habilidad para tener éxito y esfuérzate para tener buenos resultados; pero no te desanimes si no los consigues. Tú, por lo menos, aprendiste lo que no funciona y puedes empezar de nuevo con inteligencia y con vigor. Además, aún podrás sacar tus apuntes y tener tres opciones para poner a prueba.

Algunos erróneamente consideran una sobrecarga de estrés lo mismo que trabajo duro al viejo estilo, pero los dos no son lo mismo. Para la gente súper productiva, el trabajo duro no conduce al estrés. Prosperan siendo personas súper productivas.

En cuanto a solucionar problemas de manera creativa para las personas productivas, lo más importante es mantener su fe y nunca, nunca darse por vencidos. Es también, además, sanar cualquier relación rota cuando sea necesario, lo cual requiere perdón y compasión.

Aburrimiento y actitud, y no el estrés, quizás sea el desafío

De la misma manera que la basura de una persona puede ser tesoro para otra, así también, lo que es estresante para una persona puede ser emocionante para otra. Lo que para algunos puede ser monotonía y agonía, para otro quizás sea estimulante y fascinante.

Nuestra actitud hacia aplicarnos y lograr nuestros sueños, metas y objetivos es el factor importante que afecta la cantidad de estrés o miseria que podríamos traer hacia nosotros mismos.

Aquí hay un ejemplo de algo que pasó en mi vida y que puso la idea de actitud en perspectiva para mí.

Hace un tiempo, nuestra iglesia tuvo un banquete de madres e hijas. Se les pidió a los hombres que fueran cocineros y sirvieran a las damas. A mí me asignaron para servir una mesa donde estaban sentadas doce damas. Durante dos horas, yo tomé e hice pedidos, volví a llenar vasos de agua, hice viajes de ida y vuelta a la cocina, limpié lo que derramaban, serví café, llevé más servilletas, llevé platos calientes, arreglé saleros que se habían tapado e hice la pregunta, «¿Le puedo traer algo más?» con tanta frecuencia como para sonar como «disco rayado».

Al final de esas dos horas, estaba completamente agotado. Me dolían las piernas, mi cabello lleno de sudor estaba enredado en mi frente y mi sonrisa había cambiado a ser gruñido. Apenas pude llegar a casa sin quedarme dormido en el volante.

La tarde siguiente, me presenté como orador en una cena de negocios. A la mitad de la comida, uno de los servidores me dio un golpecito en el hombro, me dio una copia de mi último libro y me pidió que lo autografiara. Ella dijo: «Yo admiro mucho sus escritos. La semana pasada tuve que ayudar a mi hijo de 12 años a preparar una composición de dos páginas para su tarea. ¡Qué conflicto! Simplemente, no soy muy buena con las palabras. Cuando finalmente lo terminamos, yo tenía dolor de cabeza y me tuve que ir a la cama. Nunca podría ser escritora. Yo simplemente necesito un trabajo rutinario de 10 horas al día como mesera donde no tengo que pensar nada complicado».

Mi rostro palideció. «¿Diez horas al día sirviendo mesas?» ¡UF! Sólo de pensar en eso, tan cercano al evento de la noche anterior que me puso tan cansado, que apenas me podía levantar de mi silla para hacer mi presentación. Yo le había permitido a esa camarera muy bien intencionada que afectara mi actitud de una manera tan negativa. Juré que nunca iba a permitir que eso sucediera nuevamente.

La actitud tiene mucho que ver con el estrés. Recuerdo los tiempos cuando tuve que laborar en trabajos que no me gustaban. Llegaba a casa de muy mal humor, sintiéndome agotado. Todo lo que podía pensar era darme una ducha e irme a la cama temprano. Luego, de manera inesperada, un amigo mío llamó y preguntó si quería reunirme con los muchachos para unos juegos de pádel bol en el gimnasio. ¡De repente, me sentí emocionada y con muchas ganas de ir! Era mi actitud lo que me energizaba o me robaba la energía.

Debido a que una actitud de trabajo es un factor tan obvio en el éxito de las historias de negocios, yo tuve que descartar muchas de las opiniones de los dizque expertos, la cual dice que todo aquel que trabaja duro experimenta estrés negativo. Mi punto de vista es que dichas opiniones pasan por alto algo muy importante: Algunas personas trabajan muy duro porque disfrutan hacerlo. *No trabajar* desarrollaría una situación más estresante en sus vidas.

El número de horas que trabajamos tiene poco que ver con el agotamiento y el estrés. Todo tiene que ver con nuestra actitud. Desafortunadamente, muy poca gente se da cuenta de esto. Como resultado, cuando ven a alguien que trabaja muchas horas, dicen: «Él está trabajando como esclavo» o «Ella se mata trabajando» o «Trabajar demasiado y no divertirse le va a sacar canas verdes».

¿Por qué no dicen: «Susana está con tanto vigor después de trabajar toda la tarde en su negocio»? Relacionan las horas de trabajo con el grado de agotamiento corporal—pero no existe dicha correlación para las personas súper productivas. Yo puedo pasar un día de trabajo de ocho horas escribiendo en mi oficina y sin embargo sentirme renovado; pero dos horas de mesero me deja física y mentalmente agotado. El tiempo de entrada y salida llegan a ser factores insignificantes en relación al estrés cuando éstos se comparan con la actitud hacia el trabajo que algunas personas tienen.

Ejercicio de relajamiento

Aquí hay un procedimiento simple que puedes hacer en tu área de trabajo, sentado en un avión, en una habitación de un hotel o incluso sentado en tu silla más cómoda en tu casa, si quieres. Hazlo con la frecuencia que sea necesario para sacar tensión nerviosa durante tus días y tardes ocupadas.

1.- Siéntate cómodamente en tu silla, pon tus pies en el piso, sacude tus brazos y manos por unos momentos para que éstos se aflojen y se relajen, luego pon las palmas de tus manos hacia abajo, o sobres tus rótulas.

2.- Mueve tus ojos hacia arriba y mantenlos ahí mientras cierras tus párpados.

3.- Concentra tu atención ahora en el dedo anular de tu mano derecha. Pretende que una mariposa está atada de sus piernas a tus dedos y mientras la mariposa se levanta, se eleva cuatro pulgadas más arriba, levanta tu mano. Deja que tu mano se quede en el aire, flotando en su posición de relajación.

4.- Imagina que es un día soleado y cálido y que estás paseando por la playa. Imagínate esta escena, escucha el agua golpeando la arena, siente el cálido sol y la frescura de la brisa del océano.

5.- Imagina a una persona amable y amigable sonriéndote mientras camina hacia ti en la playa. Cuando se encuentran, tú le dices a quien será tu nuevo amigo, todo acerca de la situación que te está molestando en ese momento. Mientras compartes esos retos, te sientes aliviado e incluso, obtienes algunas ideas para tratar con ellos. Cuando tu nuevo amigo y tú se despiden, te sientes más liviano, más feliz, y lleno de esperanza y expectativa.

6.- Ahora baja tu mano lentamente. Después de un momento, siéntete en libertad de abrir los ojos cuanto estés listo. Ahora te sientes más relajado y fresco.

Ingreso sicológico

¿Cuál, entonces, es el secreto para poder trabajar felizmente de 12 a 16 horas al día mientras que te sigues sintiendo energizado y emocionado? La respuesta es, ingreso sicológico—el rendimiento de tu inversión de tiempo y energía que pones en tu trabajo puede ser recibido en forma de reconocimiento, influencia, un sentido de importancia, relaciones más positivas, seguridad, satisfacción, realización, libertad, más opciones, nuevos niveles de logros, crecimiento personal y autoestima. El ingreso sicológico puede incluir reconocimiento de parte de otros, con logros, palmadas en la espalda de parte de otros, prestigio, halagos, y premios.

A todos nos gustan los logros. Recibir reconocimiento, un espaldarazo de agradecimiento de parte de nuestro jefe o líder, un broche de recompensa, un trofeo, un listón, un reloj o una placa de reconocimiento nos hace sentir una sensación maravillosa de que alguien haya notado lo que hemos hecho. Algunos de nosotros lo deseamos más que otros y estamos dispuestos a trabajar duro para ganarlo Algunos de nosotros añoramos el más alto reconocimiento (el salario más alto, ser el más admirado y la reputación más honrosa) y estamos dispuestos a poner todo nuestro empeño y todo el corazón para llegar a ser, sin duda, los campeones. De hecho, la mayoría de las personas van a trabajar más duro para ser reconocidas que por el dinero.

Para aquéllos que sienten el gran deseo de ingreso sicológico, pero no están sobresaliendo en su trabajo, eso es más estresante que trabajar de 12 a 16 horas al día al lado de aquellos que están haciendo que las cosas sucedan. Por ejemplo, el General George S. Patton no dio un suspiro de alivio cuando le sacaron del comando en 1943—casi se volvió loco de ansiedad. Solamente cuando fue reasignado a la posición de comando de primera línea en 1944 él se sintió feliz y contento. Él quería el reto; buscó propósito en pelear por lo que él pensó que era lo correcto; deseó el poder fortalecedor de enfrentar y vencer obstáculos.

Otros se han comportado de una manera similar. ¿Por qué millonarios como John Kennedy y Ronald Reagan eligieron el trabajo estresante como el ser Presidente de Estados Unidos? ¿Por el salario? ¡Eso da risa! No, fue el pago sicológico lo que buscaban como pago—esa sensación de gran significado, misión, logro, influencia y utilidad.

Cuando alguien alcanza una posición como esa, dormir con frecuencia se convierte en una necesidad que molesta. Después de todo, es mucho más agradable para la persona súper productiva estar despierto y ser el centro de la acción, mientras tienen la oportunidad de hacer una contribución que tenga significado. En todos los niveles de participación, *todos* pueden hacer una diferencia—grande y pequeña—y dejar un legado.

Yo tengo un médico de medicina familiar a quien visito una vez al año para que me haga el examen rutinario. Simplemente no necesito verlo para ninguna otra cosa. Cada vez que voy mi doctor dice: «Tu peso está bien, tus pulmones están fuertes y tus ojos están claros. Pero sin embargo tienes que continuar viniendo para el chequeo anual. Tenemos que echarle un vistazo a tu corazón».

«¿Por qué?» pregunto yo. «¿Hay algo malo?» «No, todavía no» admite él. «Porque a medida que envejeces, pueden comenzar algunas señales de estrés y tensión. Lo que quiero decir es que, simplemente parece lógico por el ritmo en el que vas.» «¿Qué quieres decir?» le pregunto.

«Bueno, casi nunca duermes. Casi todos los días los periódicos contienen artículos escritos por ti y te veo regularmente en televisión y las librerías del lugar están vendiendo varios de tus libros. La mitad de las revistas que están en mi sala de espera contiene artículos escritos por ti. Nadie puede recargarse de esa manera sin ponerse a sí mismo en una cantidad de estrés peligrosa. Tarde o temprano, si no bajas el ritmo, algo va a suceder.»

Esta conversación se ha repetido por más de 30 años hasta ahora, pero yo me siento bien, no tengo mucha necesidad de los cuidados de un médico y sigo trabajando 10, 12 o más horas al día.

¿Por qué no debería? Ser escritor, maestro y asesor es la mejor vida que puedo tener. A mí me encanta. En verdad me encanta. A mí me encanta abrir el periódico en las mañanas o ir a la Internet y ver mi firma o una historia importante y saber que literalmente miles de personas quizá estén leyendo *mis palabras* en ese momento.

A mí me encanta recibir llamadas telefónicas y correos electrónicos ofreciéndome un viaje con todo pagado a Nueva York, Hawái o Hong Kong, para aparecer como invitado. A mí me encanta animar a las personas mientras firmo libros y es maravilloso abordar un avión y ver alguien leyendo uno de mis artículos de revista.

Estos elementos de ingreso sicológico, junto con interminables oportunidades para hacer la diferencia, es lo que hace que la vida sea emocionante para mí. Yo nunca me canso de dichas experiencias y anhelo que se repitan. De hecho, trabajo muy, pero muy duro para que éstas se repitan y mi trabajo sirve como un estímulo de alegría para todo el proceso de recompensa. Así que, ya que me encanta mi trabajo y lo que hace por los demás, trabajo duro.

No me malentiendas; yo sé que no se trata de mí. Sin la gracia de Dios ni el apoyo de muchas personas, no estaría donde hoy estoy. He podido crear una vida de amor, y tú también puedes.

Cada persona súper productiva que trabaja por su cuenta que yo he conocido o de quienes he leído, también han estado en una «intoxicación natural» del ingreso sicológico. Visten sus honores como un general viste sus medallas. Además de superar su marca personal, también se entusiasman para abrir competencia para la posición del máximo productor. Por ejemplo, se emocionan al hacer presentaciones para compartir con otros lo que tienen que ofrecer.

Para merecer dichos reconocimientos, estos hombres de negocio trabajan diligentemente en muchas áreas claves. Esto incluye buscar potenciales clientes, comunicación y destrezas, preocuparse por los demás, enfocarse en los objetivos, planificación a corto y largo plazo, expansión de negocios, desarrollo profesional y personal, buscar y dar asesoría personal o tutoría, destrezas de liderazgo y cualquier otra cosa que se necesiten para ser personas súper productivas, mientras hacen la diferencia en su propio camino. Su trabajo es su placer, dándoles gozo y emoción, no monotonía.

Cuando estás emocionado con tu trabajo, tú no dejas que nadie te decepcione. Sé tu propio juez de lo que es trabajo divertido y lo que es labor estresante. La razón por la cual tú te convertiste en profesional o dueño de negocio fue porque tenías un sueño, meta, objetivo y disfrutas del reto y emoción de trabajar. ¿Verdad que sí? No hay razón para que no mantengas la fiebre del entusiasmo original. Mentalízate de manera positiva. Eso mantendrá el estrés lejos y te va a ayudar a energizarte mientras creces por medio de los retos.

Separando el ingreso sicológico del estrés

Si tienes alguna duda en cuanto a si tus largas horas las motiva la alegría o la presión, usa esta prueba como guía rápida y contesta verdadero o falso:

1.- No confío en estimulantes o píldoras para seguir adelante

2.- Yo no me siento agotado, incluso si duermo solamente cinco horas al día

3.- Raras veces sufro de dolores de cabeza y dolores de espalda

4.- Me dirijo y llevo un ritmo estable

5.- Me gustan y aprecio a mi entrenador, mentor, líder, asociado, clientes actuales y potenciales, y proveedores y otras empresas

6.- Soy lo suficientemente valiente para estimular a otros a duplicar lo que yo hago

7.- Me motiva el logro paso a paso de mis sueños, metas y objetivos

8.- Generosamente comparto lo que tengo que ofrecer

9.- Hago ejercicio todos los días y tengo una dieta sana

10.- Obtener un «no» quizás sea una decepción, pero simplemente sonrío y digo: «Próximo cliente, por favor»

Cuando estás motivado por la pasión por lo que estás haciendo, la mayoría de tus respuestas van a ser «cierto».

Superando la percepción de falta de experiencia

A veces puede llegar a ser un reto permanecer mentalmente listo, especialmente si debes enfrentarte con lo que consideras una situación mayor. Esto es particularmente cierto de la gente que tienen el corazón y el alma de una persona súper productiva, pero debido a su inexperiencia o juventud, pueden encontrar que su credibilidad no es lo suficientemente buena para ganar el respeto que desean. Sin embargo, siempre hay formas de manejar este reto.

Ustedes, nuevos empresarios—aquéllos de ustedes en su primer o segundo año de los negocios— pueden encontrar un desafío para convencer a ciertas personas de que ustedes verdaderamente saben de lo que están hablando. Por ejemplo, cuando compartes una oportunidad con una persona mayor, una maestra de escuela con experiencia y la animas a seguir tu consejo, quizás ella diga: «Qué amable, pero ¿qué tan exitoso eres tú?» Créeme, yo sé lo que es pasar por esa experiencia.

Yo siempre he tenido una cara de niño. Incluso

ahora, no me crecería la barba si mi vida dependiera de eso. Cuando me inscribí en el ejército, yo fui la única persona a quien el doctor le dio una paletita cuando recibimos las vacunas. Una mujer me preguntó qué quería ser cuando fuera grande; ella es mi esposa. Yo he estado casado por 40 años, pero cada noche durante la cena ella todavía me pregunta si yo quiero que ella me corte mi carne y mis papas—el precio que hay que pagar por tener una cara de niño.

Está bien, también he estado bromeando un poquito. Pero aun así, yo sé que una apariencia juvenil puede con frecuencia ser confundida con un señal de inexperiencia y la inexperiencia en sí puede ser un reto para la carrera de cualquier persona, incluso la persona súper productiva más energética.

En verdad, la vida tiene sus ironías. Cuando eres joven y energético y realmente necesitas que la gente te tome en serio, los potenciales clientes parecen estar buscando a alguien con más experiencia.

Cuando eres más viejo y con experiencia, quizá pregunten porqué esperaste tanto tiempo para contactarlos. Es realmente un ciclo, pero se puede romper. Yo he tenido un poco de experiencia con esto; por lo tanto, permíteme dejar a un lado mi oso de peluche y ofrecerte cinco consejos de cómo puedes vencer el aspecto de la inexperiencia.

1.- Siempre da la talla

2.- Usa materiales oficiales de ventas y mercadeo

3.- Presenta tus potenciales clientes a la gente exitosa en el negocio en que estás involucrado

4.- Exhibe un aire de confianza profesional

5.- Deja que el potencial cliente vea que estás moviendo hacia adelante

Consejo # 1 para vencer el aspecto de inexperiencia
—*Da la talla*

Renueva tu estilo si es necesario. Luce como un hombre de negocios. Sigue las recomendaciones y directrices del negocio en el que estás. Casi no hace falta decir que el aseo personal es una necesidad y usa poca colonia.

Para los hombres, un atuendo de negocios tal vez quiera decir que tienes que vestir un traje de aspecto profesional oscuro (no necesariamente tiene que ser costoso, pero definitivamente tienes que estar limpio y con la ropa planchada) oscuro, un par de zapatos bien lustrados y reparados, una camisa blanca o de color claro y una corbata conservadora de color sólido (el rojo es un bueno color que representa poder). Una cara limpia y bien rasurada es también muy recomendable, ya que mucha gente no confía en las personas que tienen vello en el rostro.

Para las damas, vestir un estilo femenino, una blusa de corte modesto, zapatos bien reparados que el tacón no sea más alto de dos pulgadas, maquillaje que acentúe tus facciones (no como el centro de atención) y un estilo conservador (no usar aretes colgantes) de joyería. ¡La percepción del éxito aumenta tu credibilidad a la vista de los demás—y para tus propios ojos también!

Consejo # 2 para vencer el aspecto de inexperiencia— *Usa materiales oficiales de ventas y mercadeo*

Ojalá seas lo suficientemente afortunado para tener un vendedor corporativo y/o un líder que ponga a disponibilidad materiales oficiales de ventas y mercadeo de productos, servicios u oportunidades, bien sean revistas, panfletos, videos, audios u otros artículos de promoción semejantes.

Asegúrate de seguir las recomendaciones y pautas

de tu entrenador de éxito, líder o mentor acerca de cómo compartir estos artículos con socios potenciales y clientes. Esto ayuda a darte ventaja en cuanto a credibilidad, aunque no tengas mucha experiencia en tu negocio, ya que estás compartiendo materiales finos de una compañía u organización con prestigio. Tu éxito, ya sea que seas experto o no, puede ser reforzado por medio de compartir dichos artículos con tus potenciales clientes para que ellos lo revisen y consideren.

Consejo # 3 para vencer el aspecto de inexperiencia
—*Presentar los potenciales clientes a personas exitosas en el negocio en que estás involucrado*

Especialmente hasta que construyas tu credibilidad, presentar a tus socios o clientes con personas exitosas puede ser de mucha ayuda en tu negocio.

Quizá tengas o puedas encontrar un entrenador exitoso, líder o mentor (lo cual es bueno independientemente de tu experiencia o éxito) en quien te hayas inspirado para entrar al negocio que estás construyendo. Puede ser alguien que sea más experimentado o más capaz respondiendo preguntas acerca de lo que estás ofreciendo. Esta persona podría también apoyarte a ti para lograr tus sueños, metas y objetivos.

Cuando presentes al potencial cliente con esta persona, comparte qué tan exitoso es tu entrenador, líder, mentor en el negocio y cómo ha permitido que cumplan ciertas metas y objetivos. Dichas personas con credibilidad, cuyos antecedentes son similares a la de tus potenciales clientes, pueden ser activos poderosos.

Por ejemplo, digamos que estás cortejando un potencial cliente que es ingeniero. Podría ayudar mucho si le presentas a él o ella a un ingeniero a quien le va muy bien en el negocio que tú estás tratando de construir. Es probable que los oídos de tus potenciales clientes se animen si se identifican con esa persona y quizá se emocionen con esto. Tú estás construyendo un puente para ayudar a que tu prospecto tenga esperanza y crea en lo que tú estás haciendo, y que ellos lo pueden hacer también, si se asocian contigo.

Consejo # 4 para vencer el aspecto de la inexperiencia
—*Exhibe un aire de confianza profesional*

Trasmite confianza a tus socios y clientes actuales y potenciales. Mantén tu cabeza en alto, mira a las personas directamente a los ojos, habla de manera asertiva con un ritmo firme y asegúrate de mantenerte calmado cuando hagan preguntas que no puedes contestar.

Responde de una manera seria, humilde y amable; de una forma complaciente que será un placer para ti hacer algunas investigaciones sobre el tema y promete que te vas a comunicar con ellos para darles una respuesta. Ten fe en el servicio, producto u oportunidad que estás ofreciendo y cree en tus habilidades.

Cuando crees en ti mismo y en lo que estás haciendo, tus clientes y asociados actuales y potenciales estarán más propensos a hacer lo mismo. Demuestra un aire de autoridad cuando estés tratando con ellos. Cuando tu médico ve tus rayos-X y luego te dice con firmeza que necesitas una cirugía el próximo viernes, si tienes confianza con su diagnóstico y dirección, tú vas a hacer lo que él o ella te diga que tienes que hacer. ¿Por qué? Porque respetas la autoridad que representa su experiencia profesional. Si te sientes un poco inseguro, buscas una segunda opinión.

Como una persona de negocios, cuando desarrollas una postura similar, mientras que sigues siendo humilde, honesto y sincero, la confianza puede funcionar para ti también. Si eres un agente de seguros, podrías decirle a tu potencial cliente: «Jaime, tienes una familia muy linda aquí. Yo estoy seguro que esos gemelos te dan tanta satisfacción y alegría y con razón. Para proveerles lo que necesitan, en caso de que mueras antes de que ellos crezcan, tú por lo menos deberías tener una póliza de seguro que cubra por lo menos $1,000.000. Permíteme decirte porqué y luego te voy a mostrar de una manera sistemática cómo puedes hacer funcionar las primas en tu presupuesto sin aprietos.»

Mediante la transmisión de una actitud que muestre que conoces tus negocios y seleccionando directamente una cantidad para la póliza, el potencial cliente entiende que eres profesional. Entiende que has tratado con esta clase de situación muchas veces antes y sientes la confianza para tratar con esto. Él siente que tienes todo esto bajo control y va a escuchar con mayor atención el resto de tu presentación.

La misma lógica se aplica si estás compartiendo una oportunidad o vendiendo productos de cuidado de la piel o cosméticos, servicios legales, vitaminas y suplementos, ropa, utensilios de cocina, canastas, bolsos de mano, joyería, ollas y sartenes, energía, o algo más.

Consejo # 5 para vencer el aspecto de la inexperiencia
—*Deja que el potencial cliente vea que te estás moviendo hacia adelante*

La gente solamente va a seguir a alguien que está

yendo hacia algún lugar. Con amabilidad infórmales que tienes un horario ocupado (lo tienes, ¿no?) pero que estarás muy contento de poder reunirte con ellos en una fecha y hora en que los dos estén de acuerdo.

Maneja tu negocio con un sentido profesional de urgencia, lo que indica que tú ya te estás moviendo hacia arriba en tu organización, negocio o compañía. Esto puede hacer mucho para disipar el aspecto de novato que quizás tu apariencia juvenil o tu inexperiencia puedan transmitir.

Usar cualquiera de estos consejos puede ser de mucho valor para tu éxito. La incorporación de los cinco casi puede borrar por completo cualquier problema que puedas tener de parecer inexperto o descalificado. Ten confianza, sé entusiasta y apasionado en lo que estás haciendo.

Consiguiendo más citas

Otra situación—que enfrentan tanto los nuevos como los expertos en el negocio—es el desafío de hacer una cita con un potencial cliente difícil de alcanzar, pero puedes conseguir esta cita cuando le das a este desafío el mismo impulso, energía y paciencia que le das a cualquier esfuerzo que vale la pena. En mi trabajo como reportero, yo he tenido situaciones similares y he aprendido varias maneras efectivas de tratar con ellos.

Mis colegas—los otros escritores y periodistas con quienes me he asociado profesional y socialmente—me han llamado «el reportero más afortunado» en el negocio. Ellos dicen esto debido a mi habilidad consistente para obtener entrevistas con personalidades famosas que supuestamente eran imposibles de entrevistar.

No obstante, yo me burlo ante la idea de que la suerte tenga algo que ver con mi éxito. En todo caso, me parece que el refrán «Entre más duro trabajo, más suertudo me vuelvo» es verdadero. Debido a mi trabajo duro, yo he sido lo suficientemente «suertudo» que he hecho algunas cosas excelentes en mi carrera como escritor, incluyendo entrevistas exclusivas con un surtido de políticos de alto nivel, estrellas de cine, generales, escritores y cantantes. Incluso como periodista joven, he publicado algunas piezas increíbles antes que mis rivales.

Mi intención en compartir esto contigo no es para presumir o incluso darte a conocer algunas cosas de mi carrera como escritor; en lugar de eso, es para hacer una observación seria acerca de entrevistas y citas: ya sea que seas un periodista, estés construyendo un negocio o avanzando en tu carrera, la persistencia es vital para lograr entrevistas y citas. Tú nunca vas a conseguir aquello en los que te has dado por vencido.

Seguro, yo sé que consideras quetienes algunas razones sólidas del porqué no has podido ver a Fulano o Sutano. Pero hay una lista de excusas existentes:

1.- «No pude pasar más allá de su asistente.»

2.- «Él nunca está en la ciudad el suficiente tiempo para conseguir una cita.»

3.- «Yo le envié un correo electrónico y mensajes de texto y dejé mensajes de voz, pero él simplemente no contestó.»

4.- «Ella ya le dijo a una docena de personas que ella no los atendería, así que no tiene sentido preocuparme por contactarla.»

5.- «Él está tan protegido por los contadores y abogados que me tomaría una eternidad penetrar su círculo privado.»

6.- «Ella siempre dice que está muy ocupada.»

A veces estos comentarios son legítimos—

probablemente el 20 por ciento del tiempo, diría yo. El resto del tiempo son usados como excusa para ocultar el hecho de que nos faltó valor o conocimientos para lograr lo que llamamos una cita imposible de conseguir.

Seamos realistas, yo tenía incentivo. Si eres reportero y no puedes conseguir gente que valga la pena entrevistar sobre algo de noticias, no vas a reunir ningún artículo o presentación que sea vendible. De la misma manera, si estás construyendo una carrera o negocio y no perseveras hasta que consigas citas con clientes con mucho potencial para que se asocien contigo o con quienes puedas compartir tu producto o servicio, no va a pasar nada.

Ser exitoso en conseguir citas es vital para construir tu carrera o negocio y como los conceptos básicos para hacerlo son similares, sin importar la razón, aquí tienes una lista de cuatro consejos para obtener citas:

1.- Siempre está preparado para aprovechar una oportunidad para conocer gente nueva.

2.- Mantén tu persistencia y disponibilidad.

3.- Conéctate con terceras personas como puentes para obtener referencias.

4.- Establece una cadena de conocidos y contactos que puedan llevarte o presentarte más potenciales clientes.

El primer consejo para obtener citas—*Está siempre preparado para aprovechar las oportunidades de conocer gente nueva*

Una vez más, no creas en la suerte. Sin embargo, reconoce que siempre hay la posibilidad de que dos personas que viven en la misma área estén en el mismo lugar a la misma hora, aunque suceda por coincidencia en lugar de que haya sido planeado.

Cuando tienes intenciones, enfoque y compromiso firmes, para compartir lo que sea que estés ofreciendo, junto con tu idea de que puedes hacerlo, esto además afecta la posibilidad de que vas a ver a tu potencial cliente por ahí en el centro. Cuando resulta que tú y tu potencial cliente difícil de alcanzar están en la misma droguería, supermercado, evento deportivo, función cívica, o en algún otro lugar, toma un par de minutos para presentarte a ti mismo mientras extiendes tu mano de amistad.

En este momento podrías hablar un poquito y dependiendo de hacia dónde los lleve la conversación, puedes comentar acerca del clima o quizás preguntar qué hacen o cómo están yendo las cosas. ¿Quién sabe a dónde los puede llevar esta conversación? Preocúpate por otros tomando interés en ellos; ellos lo anhelan. A la gente le encanta que la escuchen y cuando ellos sienten que a ti te importa, ese potencial cliente difícil de alcanzar puede convertirse en tu amigo.

De esa manera conseguí alguna entrevista con un doctor muy respetado que vive en la misma ciudad. Él no devolvía mis llamadas, tampoco permitía que su recepcionista me diera una cita y una noche, puramente por casualidad, él y su esposa asistieron a un banquete al cual mi esposa y yo también asistimos.

Me aseguré de sentarme cerca de él, y, en el momento apropiado, le di mi tarjeta de presentación y una lista de referencias—editores a quienes le podía preguntar acerca de mí. Nosotros nos pusimos a platicar, una cosa nos condujo a otra y, después de poco tiempo, ya tenía una cita para una entrevista con él.

Yo nunca voy a ningún lugar sin llevar conmigo las herramientas básicas de mi profesión: un bolígrafo, una libreta de papel, dispositivo móvil, tarjetas de presentación y lista de referencias. De esta manera, siempre estoy preparado para cuando se presente la oportunidad. Haz lo mismo y en la medida en que promuevas tu negocio de manera apropiada, quizá quieras llevar contigo materiales oficiales en tu vehículo mientras andas haciendo tus actividades… en caso de que los necesites.

Como nos dice el lema de los Boy Scouts: «Siempre listo».

Asegúrate de mantener la lista de tus potenciales clientes a la mano en todo tiempo y cuando tengas algún momento libre, puedas hacer nuevamente contacto con uno o dos de ellos y preguntarle cómo están yendo las cosas. Si disciernes que puede ser apropiado que haya la posibilidad de que se puedan reunir para que le compartas lo que tienes que ofrecer, usa el enfoque que recomienda tu negocio o profesión en cuanto a la mejor manera de organizar la reunión. De otra manera, reúnete con ellos simplemente como amigos, lo que eventualmente puede conducirte a algo más.

Pero nunca obligues a nadie a dar su tiempo a ti o a lo que tú estás haciendo. Siempre sé sensible del lugar donde se encuentra tu potencial cliente en la vida y cómo puedes servirle de mejor manera.

La idea es que tu disposición constante para la

acción te pone en ventaja para decidir. En ese sentido, te conviertes en un suertudo. Carga tu lista para hacer contactos, porque tienes las posibilidades en tu contra en cuanto a encontrarte con alguien por casualidad.

Mientras que me ha sucedido solamente seis veces durante un período de veinticinco años, estar preparado me ha recompensado generosamente cada vez. Yo sigo saliendo preparado todos los días, esperando que la siguiente oportunidad suceda en cualquier momento.

El segundo consejo para obtener citas—*Mantén tu persistencia y disponibilidad*

Sin duda tú conoces la siguiente verdad incuestionable «Si no lo logras la primera vez, trata una y otra vez». Bueno, eso es un poquito débil—*tratar* no hace que suceda nada. Lo que realmente cuenta es hacerlo, lo que es especialmente cierto cuando se trata de citas.

Si te rechazan, es solamente con tu compromiso que puedes ganar el día. Sigue tratando de comunicarte. Muéstrale a tu potencial cliente que estás emocionado y serio en cuanto a hablar con él o ella. No dependas solamente de que te regresen la llamada, o respondan al correo electrónico o el mensaje de texto. Reunirse debe estar en tus planes, no en los de ellos. Es tu responsabilidad darle seguimiento.

Junto con eso, ten la disponibilidad y adáptate a las circunstancias personales del potencial cliente. Si no se pueden reunir en algún lugar, reúnanse en otro lugar—la casa de él o ella, el parque, un restaurante cercano, un club de tenis, una hora antes de entrar a la cancha o donde sea. Recuerda que pueden ser necesarias acciones innovadoras de tu parte para el potencial cliente poco amable y extremadamente ocupado y difícil de alcanzar, que resiste los canales normales.

Una vez entrevisté a una personalidad de televisión en el asiento trasero de una limosina, mientras él estaba siendo conducido hacia el aeropuerto para tomar un avión. Entrevisté a un novelista siguiéndolo a una fiesta donde iba a firmar libros y haciéndole preguntas mientras firmaba autógrafos. Entrevisté a un líder de un movimiento de protesta caminando con ella mientras ella hacia huelga en contra de una gran corporación. Mientras que ellos fueron más allá de las técnicas de entrevistas que yo aprendí en el programa de periodismo, me dieron los resultados que yo estaba buscando.

Sé tan flexible y tan servicial como te sea posible, mientras persigues a las personas. La gente está ocupada y tú no eres parte de su agenda. Prácticamente, es muy probable que nadie te pregunte cuánto tiempo te tomó lograr tu objetivo; lo que más importa es que creciste mientras lo estabas persiguiendo.

El tercer consejo para obtener citas—*Conéctate con terceras personas como puentes para obtener referencias*

Muchas veces tu potencial cliente te va a eludir, va a ignorar tus llamadas y continuamente rehusará a reconocer tu esfuerzo para comunicarte con él. Ese es el momento en que tal vez sea buena idea involucrar a terceras personas—una persona con algo de influencia sobre la persona con quien te gustaría hablar. Podría ser su cónyuge, un familiar, un amigo en común o alguien más.

Dile que has estado procurando comunicarte con tu potencial cliente (cualquiera que sea su nombre) por un tiempo y pregunta si todo está bien con tu potencial cliente porque no has recibido noticias de él. A veces este individuo, quien quizás esté cercano a tu potencial cliente, tal vez diga algo como esto: «Juan realmente está atravesando tiempos difíciles en estos momentos; aceptó una reducción de salario para poder evitar ser trasladado de ciudad».

Tú podrías preguntar a tu contacto si hay alguna manera que ellos puedan ayudar a localizar a tu potencial cliente porque a ti te gustaría compartir con él algo que podría ayudarle. ¿Quién sabe? ¡La persona a quien le estás hablado podría estar interesada en escuchar lo que tienes que compartir!

El cuarto consejo para obtener citas—*Establece una cadena de conocidos y contactos que pueda llevarte a más potenciales clientes*

Por ejemplo, si tienes un amigo que tiene un vecino que tiene un hermano de fraternidad que es el primo de la persona a quien estás tratando de ver, tener comunicación constante con estas personas quizás sea la mejor manera de contactar al potencial cliente.

Mientras compartes con estas personas, es posible que ellos pongan interés en lo que tienes que compartir. No obstante, es tu decisión programar una cita cuando finalmente consigas conectarte con tu prospecto.

Es de esta manera que yo pude entrevistar a cierta pareja, después de que su hija y su yerno se retiraron a su hogar y rehusaron hablar con alguien. Durante diez días, reporteros de cadenas de TV, estaciones de radio y medios de comunicación impresos, se reunieron en su patio de enfrente, esperando una declaración pública. Ésta nunca llegó. Al fin, el FBI y la policía dispersaron a la muchedumbre y entonces yo hice mi movida.

Yo había enseñado un taller de escritores en la ciudad natal de la pareja un año antes y todavía tenía la lista de mis estudiantes. Comencé a llamarlos y a preguntar si alguno de ellos conocía a la pareja, o conocía a alguien que conocía a la pareja. Después de siete llamadas sin ningún resultado, me pude comunicar con una ex-estudiante cuyo esposo tenía un jefe que tenía una novia que era la vecina de al lado de otra hija de la pareja.

Me tomó como dos semanas presentarme a cada persona en esa cadena, pero finalmente lo logré. Una tarde, la hija de la pareja, a última instancia, hizo los arreglos para que yo pudiera hablar con sus padres por noventa minutos en su casa. Por diez años, generé artículos basados en esa profunda entrevista. El mismo procedimiento puede funcionar para ti cuando estás tratando de alcanzar potenciales clientes difíciles de alcanzar. Simplemente mantente firme.

Por lo tanto, mi sugerencia para aquellos que tienen problemas para conseguir citas con dos o tres potenciales clientes difíciles de alcanzar es usar las cuatro estrategias para conseguir las citas. Cuando logras conseguir esa cita tan imposible, obtienes una gran moral y estímulo de confianza y logras moverte hacia delante rápidamente.

La vida está llena de posibilidades—*¡Disfrazadas de retos!*

Ahora vemos que llegar a ser una persona súper productiva puede sacarnos del estancamiento y ayudarnos a vencer muchos de nuestros desafíos. Sin embargo, no debemos ser tan ilusos que pensemos que las personas súper productivas nunca tienen situaciones con las que tienen que batallar. Sí las tienen, pero aun cuando tengan retos que enfrentar, las personas súper productivas—confiadas, determinadas y fuertes—son capaces de enfrentar cualquier obstáculo y superarlo paso a paso.

Hemos visto que la manera de resolver cualquier problema es enfrentarlo cara a cara, obtener una imagen real, dividirlo en partes específicas, pasos manejables y luego utilizar toda nuestra energía para vencerlo. En lo que se refiere a nuestra energía, hemos visto que la aportación sicológica que recibimos de nuestro trabajo puede ser tan natural como estimulante. Cuando estamos en mejor control de nuestras vidas y entusiasmados acerca de nuestra carrera o negocio, podemos trabajar mucho y muy duro sin llegar a tener tensión nerviosa. De hecho, eso nos dará más energía.

Existen algunos retos que pueden parecer monumentales. Dos ejemplos son: vencer la percepción de la inexperiencia y lograr conseguir citas con potenciales clientes difíciles de alcanzar; pero, como acabamos de mencionar, incluso esas situaciones se pueden abordar y superar de una manera sistemática.

Las personas súper productivas no esperan que el juego de la vida sea como un juego de niños, porque se dan cuenta que la vida está llena de posibilidades, disfraces y desafíos.

La gente súper productiva comenta acerca del trabajo

«No holgazanees y ve tras la inspiración, tienes que ir por ella con un garrote y si no lo logras; encontrarás algo que sea notablemente parecido. Trabaja todo el tiempo.»
Jack London

«Mantente lejos de las personas que minimizan tus ambiciones. Las personas pequeñas siempre hacen esto, pero los verdaderamente grandiosos te hacen sentir que tú, también, puedes convertirte en alguien grandioso.»
Mark Twain

«Ama tu trabajo, ama a tu esposo (o esposa) y a tus hijos. Si te preguntas cuándo vas a tener tiempo para descansar, puedes dormir en tu vejez.»
Beverly Sills

«Toma la decisión de que nunca vas a estar inactivo. Es maravilloso todo lo que se puede hacer si siempre estás haciendo algo.»
Thomas Jefferson

«Ah, pero el alcance del hombre debe de exceder su entendimiento o de otra manera ¿para qué sería el cielo?»
Robert Browning

«Nada es particularmente difícil si lo divides en pequeños trabajos.»
Henry Ford

«…Cada uno de nosotros debe trabajar para su propio mejoramiento y al mismo tiempo compartir una responsabilidad general por toda la humanidad, que nuestro deber particular sea ayudar a aquellos a quienes nosotros pensamos que podemos ser más útiles.»
Madame Curie

«Duplica la tasa de fracasos. Tú estás pensando en el fracaso como un enemigo del éxito, pero no es así. Tú puedes estar desanimado por el fracaso o puedes aprender de él, así que ve, comete errores. Haz todo lo que puedas … es ahí donde encontrarás el éxito.»
Thomas J. Watson

«El carácter no se puede desarrollar en la comodidad y la tranquilidad. Solamente por medio de la prueba y el sufrimiento se puede fortalecer el alma, inspirar la ambición y lograr el éxito. Solos podemos hacer muy poco; juntos podemos hacer mucho.»
Helen Keller

El Sexto Secreto

Mantente en guardia contra estos

Las personas súper productivas son entusiastas, optimistas, imaginativas y tienen un gran sentido de quiénes son y lo que tienen para ofrecer.

Una vez que hayas decidido que te quieres convertir en una persona súper productiva y comiences a comportarte de tal manera, vas a descubrir efectos secundarios ocasionales. Súper producción es como una medicina que sana: toma la dosis correcta y te vas a sentir mejor; si tomas más de la dosis vas a sufrir. Existen varias cosas de las que te tienes que proteger:

1.- Primero, no desequilibres tu productividad con la diversión de la vida, porque esto solamente va a resultar en un agotamiento profesional y en los negocios.

2.- Segundo, si estás casado o tienes alguien especial, asegúrate de no ser desconsiderado y no subestimes a tu pareja. Comparte abiertamente con esa persona lo que tú crees que sería de su beneficio para que te apoye en tu trabajo y tus objetivos.

3.- Tercero, evita convertirte en una persona tan obsesionada con su trabajo que pares de escuchar a aquellos que están a tu alrededor y escuchar sus preocupaciones, ideas, planes y opiniones.

Examinemos ahora maneras específicas para poder hacer frente al desarrollo de tres posibles escenarios. Con la anticipación de posibles retos, con frecuencia puedes prevenir su desarrollo.

Agotamiento profesional y en los negocios—
Síntomas y curas

Vivimos en un mundo acelerado. Antiguamente la gente solía esperar tres días por una diligencia. Ahora podemos volar de una parte del mundo a otra en menos de un día.

La velocidad perece ser la primera preocupación de la mayoría. Restaurantes de comida rápida, crédito instantáneo, internet de alta velocidad, comercio electrónico (E-Commerce) desde el hogar hasta cualquier parte del mundo vía dispositivo móvil, fotografía digital y hornos microondas son parte de la rutina de nuestra manera de vivir como torbellino. No es de extrañar entonces, que de vez en cuando sobrecarguemos nuestros circuitos mentales y físicos y causemos nuestro propio agotamiento.

¿Alguna vez has dicho: «No estoy tan emocionado con mi trabajo como solía estar antes»? Esa es una señal posible de agotamiento. ¿Te has preguntado alguna vez, «¿Por qué estoy tan cansado?»? O «¡Qué! ¿Otra reunión aburrida?» O «¿Quién necesita ese cliente de todos modos?» Éstas también son señales de agotamiento.

El agotamiento a veces puede llegar a estar tan avanzado que se manifiesta en síntomas físicos tales como insomnio, dolores de cabeza, dolores de espalda, pérdida de peso, nerviosismo y cansancio. También se puede revelar como patrones de comportamiento. Por ejemplo, estar ausente más tiempo, perder el interés en los clientes y socios actuales y potenciales; reaccionar de manera exagerada a la crítica y el rechazo o tomar decisiones a la ligera acerca de otros en base a conocimiento limitado—estos quizá indican que estás sufriendo agotamiento. Si no se controla, esto también puede conducir al alcoholismo, trastornos de alimentación, abuso de drogas, problemas matrimoniales y de relación.

Las personas exitosas súper productivas son entusiastas, optimistas, imaginativas y tienen un buen sentido de lo que son y lo que ofrecen. Sin embargo, como son solamente seres humanos, se mantienen vigilantes y llevan un control excelente y constante sobre estos factores, lo que ayuda a evitar agotamiento. Están muy conscientes de lo que está sucediendo en sus vidas.

A veces la vida toma su rumbo por sí sola y no siempre se pude manejar fácilmente, así que manejar las «sorpresas» de la vida de una manera positiva es clave para tu bienestar. Con frecuencia, tienes la oportunidad de tomar lo amargo con lo dulce, buscar lo bueno y hacer del todo algo mejor.

Afortunadamente, cuando eres lo suficientemente sabio para reconocer que estás demasiado agotado, también eres lo suficientemente sabio como para lograr vencerlo. Aquí tienes 10 maneras para hacer eso:

1.- Duerme lo suficiente

2.- Haz ejercicio diariamente

3.- Haz uso positivo de tu pasado

4.- Ten algo en el futuro en el cual fijas tu esperanza

5.- Siempre aprende algo nuevo

6.- Di «no» cuando te piden que hagas cosas que no están en la misma línea que tus sueños, metas y objetivos

7.- Sal más y haz más amigos

8.- Ten el hábito de construir sueños

9.- Establece metas más factibles y flexibles

10.- Relaciónate con gente amable que te apoye y te ofrezca consejos que te animen

La primera y segunda manera de evitar el agotamiento—*Duerme lo suficiente y haz ejercicio diariamente*

El cuerpo y la mente requieren suficiente descanso. Varía de persona a persona, pero se recomienda como mínimo siete horas cada noche. Irse a la cama un poco más temprano que de costumbre en ocasiones, tomar una siesta de veinte minutos para recobrar fuerzas antes o después de la cena y disfrutar de una larga siesta los domingos en la tarde le va a dar vitalidad a tu sistema. Del mismo modo, una caminata de media hora por la mañana, a la hora del almuerzo o en la tarde, le va a agregar resistencia y energía a tu estado físico. Si permites que tu cuerpo se deteriore, los circuitos de estrés se van a sobrecargar con mucha más rapidez.

La tercera y cuarta manera de evitar o vencer el agotamiento—*Hacer uso positivo de tu pasado y tener algo en el futuro en que fijas tu esperanza*

Mantén una lista de tus logros más grandes del presente y los mejores días que has tenido en tu negocio, carrera y vida personal. Léela con frecuencia y obtén ánimo de los buenos sentimientos que obtienes pensando en tus éxitos del pasado.

De manera similar, adquiere el hábito de planear siempre algo para esperar y para estar animado. Llama a un amigo cercano y fijen una fecha para ir a almorzar la siguiente semana para compartir sueños y metas; planeen un día de pesca en la playa, tal vez antes o después de un viaje de negocios; cuando tienes un seminario de tu profesión o negocio que se lleve a cabo en un lugar vacacional, llévate a toda tu familia y disfruten del área. Siempre mantén un evento para el futuro que te mantenga a la expectativa.

La quinta manera de evitar y vencer el agotamiento
—*Siempre aprende algo nuevo*

El estímulo mental es la cura para tanto la depresión como también la fatiga. Escucha todos los días audios educativos y motivacionales y lee un libro inspirador e informativo de 15 a 20 minutos todos los días. Habla con la gente que es experta en el ramo en que tú estás involucrado y que estás tratando de aprender, y pídeles su consejo y guía. Desafíate a ser un faro de conocimiento y anima a otros a hacer lo mismo. De esa manera vas a abrir la puerta para trabajar con otros, multiplicar tus esfuerzos y desarrollar nueva prosperidad. Esto también le agrega sabor a tu vida.

La sexta manera de evitar y vencer el agotamiento
—*Di «no» cuando te piden que hagas cosas que no están en la misma línea que tus sueños, metas y objetivos*

Tú no puedes ser todas las cosas para toda la gente. Si aceptas más responsabilidades de las que puedes manejar apropiadamente con el tiempo que tienes, tienes la facilidad de decir «sí», pero generas increíble cantidad de preocupación, frustración y estrés, así como también, una decepción a largo plazo contigo mismo y con otros.

Cuando se te acerquen para pedirte que te encargues de algo, pero no tienes tiempo para hacerlo debido a tus prioridades, sé lo suficientemente abierto y honesto para decir «no». Quizás sea difícil al inicio, pero cuando haces recordatorio constantemente que es por tu propio bien, así como también para el bien de cualquier proyecto que alguien te esté tratando de convencer a que ayudes, muy pronto vas a poder rechazar las solicitudes, amable y firmemente, según sea el caso, sin sentirte culpable.

La séptima manera de evitar y vencer el agotamiento
—*Sal más y haz más amigos*

El agotamiento es a veces causado por el aburrimiento que se puede agravar con la falta de diversidad en el medio ambiente. Si te has estado reportando a la misma oficina y trabajando en negocios en la misma área durante cinco años, haz planes para cambiarte de lugar. Llama a siete familias que vivan en la ciudad donde viven tus padres y fija una cita para compartir cualquier cosa que estés ofreciendo.

Sal y conoce nuevas caras, viaja por nuevas carreteras, come en restaurantes diferentes. Mantente ocupado «expandiendo tu red de influencias» tanto en la ciudad como fuera de la ciudad, según sea el caso, conociendo nuevas personas e iniciando nuevas relaciones en todas partes donde vayas. ¡La chispa de la vida está en la expansión del negocio, la variedad y salir de la comodidad de tu zona familiar!

La octava manera para evitar y vencer el agotamiento
—Ten el hábito de construir sueños

Por ejemplo, es posible que tu sueño sea construir una casa nueva. Ve y visita espectáculos de construcción y exhibiciones que ofrecen los agentes inmobiliarios. Lleva contigo algunos de tus socios de negocios; construye sus sueños también. Te va a ayudar a conectarte, ser más productivo y sentir la sensación de lo que sería para ti vivir una vida mejor.

La novena manera para evitar y vencer el agotamiento
—Establece metas más factibles y flexibles para ti mismo

Fijar metas es una gran idea para cualquiera que quiera mejorar su vida. Sin embargo, si tus metas no son alcanzables o el plazo de tiempo es irracionalmente exigente, te vas a agotar tratando de alcanzarlas. Sé un poco más compasivo contigo mismo. Fija metas que sean desafiantes, pero, por ejemplo, no trates de convertirte en alguien financieramente independiente en seis meses. No necesitas esa clase de ansiedad o frustración. Lo vas a lograr, siempre y cuando persistas. Ten confianza y sigue avanzando.

La décima manera para evitar y vencer el agotamiento—*Relaciónate con gente amable que te apoye, te ofrezca consejos y te amine*

Con frecuencia tú puedes trabajar con este grupo para alcanzar tus sueños y metas. Dicho grupo de apoyo te puede dar una mejor perspectiva de la vida, ofrecerte respuestas y retos personales y de negocios y proveer oportunidades para compañerismo.

La clave es recordar que las personas súper productivas tienen que protegerse en contra del agotamiento, pero incorporando algunos consejos que se mencionaron previamente, puedes escapar del agotamiento, o mejor aún, guardarte de nunca caer en él.

Incluye a tu cónyuge en la mayor medida posible

Expresa tu entusiasmo y pide a tu esposo o esposa que te apoye en la lucha por tus sueños, metas y objetivos, pero al mismo tiempo, así como puedes enfrentar algunos retos como el agotamiento, tu cónyuge puede llegar a frustrarse por la manera en que tu carrera o actividades de negocio le pudieran afectar. Sé sensible a las necesidades de tu cónyuge mientras lo incluyes en la mayor medida posible en lo que estás haciendo, para que no se sienta excluido.

Yo fui invitado para una conferencia en la Universidad del Sur de la Florida por una semana y mi esposa Rose me acompañó. Después del primer día, generosamente la universidad ofreció una recepción para mí. Una de las damas que había asistido a una de mis charlas sobre el manejo de tiempo y escritura independiente se acercó a mi esposa.

«Tú debes ser la pobre mujer que está casada con este hombre que siempre está trabajando», dijo ella entre broma y seriedad. «Con todos esos artículos y libros que tu esposo ha escrito, probablemente nunca tiene tiempo para ti.»

Rose respondió con aire despreocupado, «Es todo lo contrario, de hecho, recientemente, él me llevó a unas hermosas vacaciones privadas».

«¿De veras?», dijo la mujer, cada vez con más interés «¿A dónde?» «¿Cuándo?»

Rose esbozó una sonrisa, «¡A la Florida... esta mañana!»

Esta escena me recordó una vez más de lo afortunado que soy al estar casado con alguien que sabe cómo vivir y amar a una persona súper productiva. Mi esposa sonriendo le dice a la gente que soy adicto a mi propia adrenalina. Si eres un exitoso hombre de negocios, sin lugar a dudas, también tienes los rasgos de una persona súper productiva.

Puesto que a mí me encanta lo que hago, cuando estoy trabajando es cuando estoy más feliz. Probablemente tú eres así ... pero solamente si te encanta lo que haces. Si es así, trabajar de 10-12 horas, e incluso 15 horas al día quizás sea común para ti. Nuestro cónyuge, a menos que esté felizmente trabajando con nosotros, sin embargo, puede que esté mucho menos exuberante en estas circunstancias y debido al hecho de que la/lo amamos más que a nuestra carrera o negocios y nos damos cuenta lo importante que son para nosotros, es nuestra responsabilidad ayudarlos(las) a vivir felices para siempre con nosotros.

Ahora bien, debido a que no existe ningún grupo de apoyo llamado «Cónyuges anónimos no involucrados de las personas súper productivas», he inventado lo siguiente…

Nueve ideas para ayudar a nuestro cónyuge a vivir feliz … con una persona súper productiva como tú

La primera idea para ayudar a tu cónyuge a vivir feliz … *Usa el plan de vacaciones 80/20*

Por naturaleza, las personas súper productivas detestan las vacaciones, lo que los mantendría alejados de su amado trabajo. La simple idea de compartir una cabaña solitaria en las montañas con amigos por una semana, lo que le llaman tiempo de relajamiento y caminatas por senderos naturales es suficiente para causar «gran dolor» a una persona súper productiva. Las personas súper productivas necesitan el trabajo como los anfibios necesitan el agua. ¡No pueden estar lejos por mucho tiempo porque se sienten desdichados! Y ¿quién quiere tener un cónyuge desdichado? Todos sabemos que eso no es agradable en absoluto.

Aun así, todos nosotros, (sí, incluso las personas súper productivas) pueden beneficiarse de períodos de vacaciones ocasionales y tiempos de descanso. La solución que inventamos mi esposa y yo involucra 80 por ciento de placer y 20 por ciento de trabajo en vacaciones. Cuando ella y yo salimos fuera del estado para tener una semana de diversión, ella no dice nada cuando yo trabajo por dos horas en la mañana, como escribir algo, aparecer en programas de entrevistas de televisión o dar una presentación en alguna conferencia o convención. Después de eso, pasamos el resto del día juntos de compras, viendo todas las atracciones del lugar o haciendo alguna otra cosa relajante o divertida.

Antes de que crecieran, solíamos llevar a nuestros

hijos con nosotros y simplemente revertíamos el orden de actividades diarias. Teníamos nuestro tiempo de diversión como familia divertido hasta las 3 p.m. y luego yo trabajaba solamente un par de horas solo, mientras Rose y los niños iban a ver una película o nadaban en la piscina del hotel. En lugar de criticarme por «alejarme» por completo durante las vacaciones, mi esposa me *agradecía* por llevarlos conmigo a tantos viajes lindos durante el año. Mi agradecimiento va dirigido a mi esposa por entender y ser flexible y hacer eso posible.

Si te sientes incómodo durante las vacaciones, haz que sean relativamente cortas y mézclalas con un viaje de negocios o seminario como lo mencionamos anteriormente o podrías usar el sistema 80/20, o lo opuesto, si es apropiado. Cada mañana podrías hacer llamadas a tus socios o clientes actuales o potenciales. Podrías invertir tiempo leyendo algunos libros relacionados con lo positivo, los negocios o el desarrollo personal o podrías trabajar en algunos de tus proyectos a largo plazo. Después de dos horas de ser productivo, tu consciencia relacionada con el trabajo podría estar a gusto y tu nivel de disposición para la diversión estaría en lo más alto.

Mi esposa y yo, ambos activos e involucrados en nuestras carreras e intereses por separado, también mantenemos nuestra devoción natural el uno por el otro, por nuestros hijos cuando vivían en casa y por nuestra iglesia. En tu caso, tu cónyuge quizá desee ser más que un observador en tus actividades de carrera o negocios, así que sugiere algunas ideas en las que él o ella puedan participar.

La segunda idea para ayudar a tu cónyuge a vivir feliz...
Usa el dinero que ganas para beneficio de ambos

La razón más común que la mayoría de las personas súper productivas dan por trabajar 12 horas o más al día no es la verdad (¡Ah! ¡Cómo me encanta este trabajo o negocio!) sino más bien alguna variación de «necesitamos el dinero». Esa fue la excusa que yo usé por muchos años.

Luego, un día, mi esposa dijo que quería una nueva televisión y yo dije que no me podía dar ese lujo. Estaba tan acostumbrado a esos días cuando iniciamos y teníamos poco dinero, que perdí la visión del hecho de que ahora podíamos darnos el lujo de tratarnos con generosidad.

«Mira», dijo mi esposa, «Tú estás trabajando 12 ó más horas al día, de lunes a sábado. Si no nos damos el gusto de algunas cosas buenas ahora, nunca lo vamos a hacer. Así que ¿Cuándo va a suceder?»

El siguiente día fuimos y compramos un televisor nuevo. Después de eso agregamos una computadora nueva y un auto nuevo. Ella tenía razón. Cualquier persona que está dispuesta a vivir con las horas, horarios, y hábitos de una persona súper productiva, una vez que el nivel de prosperidad permita tener el suficiente dinero en efectivo, él o ella merece los beneficios de los esfuerzos de esa persona. Lo justo es lo justo. Después de todo, ¿para qué estás trabajando?

La tercera idea para ayudar a tu cónyuge a vivir feliz... *Tengan conversaciones honestas*

Las personas súper productivas son personas de un sólo propósito, determinadas y decididas—pero eso no significa que siempre estén en lo correcto. Yo sé que no siempre estoy en lo correcto, yo sé que con frecuencia fallo y no estoy a la altura. Afortunadamente, a mi esposa le importo y le importa nuestro matrimonio lo suficiente como para señalar, de una manera directa y amable, algunas de las áreas que podría mejorar. Siendo una persona de mente abierta y respetuosa a lo que ella dice, yo he aprendido mucho, lo que nos ha permitido evitar algunos problemas potenciales.

Mi esposa y yo con frecuencia entablamos discusiones francas. Nosotros no vemos nada de productivo en el mal humor, ignorarnos el uno al otro o mostrar terquedad y obstinación. De modo que nos esforzamos en aclarar cualquier cosa que esté molestando a cualquiera de los dos.

No estoy diciendo que es un evento divertido cuando Rose me dice que si bajara diez libras estaría más saludable y luciría mejor o que estoy pasando demasiado tiempo escuchando a mis estudiantes de universidad hablar de sus proyectos de escritura y no estoy pasando suficiente tiempo escribiendo yo. Esa es la mejor manera de lidiar con una persona súper productiva. La franqueza es esencial, ya que la mente de una persona súper productiva con frecuencia está corriendo, ser sutil no es algo efectivo. Además, ir al grano en el momento ahorra tiempo. ¡A las personas súper productivas les encanta ahorrar tiempo!

Por lo tanto, invierte una o dos horas para animar a tu cónyuge a *realmente* hablar contigo. Si sucede que en el ajetreo, a ti se te olvidó darle flores en un aniversario o el uso constante de su auto favorito se ha convertido en un hábito egoísta, o has permitido que tu vida social como pareja se seque, discúlpate sinceramente y comienza a hacer las paces.

Mantén esos canales de conversación abiertos y no dejes que tu ego no te deje ver tus errores.

Escucha, siempre sé humilde, acepta responsabilidad por tu comportamiento, sé flexible y abierto a la comunicación. Esto ayuda muchísimo para asegurar un matrimonio feliz.

La cuarta idea para ayudar a tu cónyuge a vivir feliz... *Ahorra tiempo siempre que sea posible*

Las personas súper productivas tienen la tendencia a poner a las personas en su horario en lugar de adaptarse al horario de las demás personas. Esto es egocéntrico y refleja la actitud de «todo gira a mi alrededor» lo cual es extremadamente inefectivo cuando se trata de tener un matrimonio exitoso. También es dañino hacerlo cuando tienes niños que cuidar o un cónyuge que trabaja tiempo completo con quien competir. Una de las maneras para evitar esto, sin embargo, es aprovechar las máquinas y de otros que estén listos y disponibles para que tú puedas «ganar tiempo» para ti y tu cónyuge.

Si quisieras que tu cónyuge te acompañe a algunas funciones de negocio, por ejemplo, los sábados cuando usualmente cortan la grama o limpian la casa, si uno de tus hijos es lo suficientemente grande, puedes darle esa responsabilidad. De otra manera, quizás quieras considerar contratar a alguien, como el hijo del vecino o alguien que corte la grama o un servicio de limpieza.

Si quisieras que tu cónyuge te acompañe a una reunión con un cliente actual o potencial después del trabajo, pero tu auto está sucio, tú simplemente podrías pasar por el lavado de autos automático cuando vas del trabajo a tu casa.

Las mismas tareas se van a llevar acabo como siempre, pero más rápido y de manera eficiente por máquinas y otros en lugar de que tú o tu cónyuge lo hagan. Mientras que la mayoría de las personas desperdician su precioso tiempo sin darle mucha importancia, agotando sus vidas haciendo tareas de mantenimiento cuando podrían invertir por lo menos un poco de tiempo en la construcción de negocio o profesión, tú no tienes que ser uno de ellos. Trabaja inteligentemente, no simplemente duro. Eso es lo que hace la gente súper productiva, es de esa manera que llevan a cabo tantas cosas.

La quinta idea para ayudar a tu cónyuge a vivir feliz... *Asigna funciones*

Muchas personas súper productivas asumen que tienen que hacerlo todo por sí mismas para que esté correcto, pero esa clase de actitud perfeccionista puede ser ofensiva para el cónyuge. En lugar de eso, las personas súper productivas hacen bien si respetan y animan a su cónyuge a que manejen parte de la responsabilidad que les corresponde, incluso si las cosas no están hechas como a ellos les gustaría. Por lo menos lo hacen, mientras la persona súper productiva se enfoca en su objetivo.

En un tiempo, yo tenía dos trabajos mientras estaba completando mi doctorado en inglés. Tuve que renunciar a ciertas responsabilidades en casa, así que le pregunté si ella se podía hacer cargo de algunas actividades que yo había estado haciendo. Ella enfrentó el reto muy bien. Aunque de alguna manera ella es tímida, yo la empujé a participar en cosas como negociaciones de préstamos bancarios, comprar notas de inversión y trabajar en nuestros formularios de pagos de impuestos. ¡Ella se siente vital y útil para la familia al igual que yo … porque lo es!

La sexta idea para ayudar a tu cónyuge a vivir feliz…
Pide ayuda relacionada con el negocio

Sin duda, has escuchado el antiguo adagio que dice: «Si no puedes contra ellos, únete a ellos». Siendo una persona súper productiva, podrías revertir ese adagio y hacerlo así: «Ya que no puedes mermar mi compromiso con mi negocio (o carrera) mejor únete a mí».

Eso me ha funcionado bien a mí. Si estoy atrasado debido a que tengo que cumplir con un plazo, con frecuencia mi esposa me ayuda con una investigación que tengo que hacer. Si necesito una segunda opinión de algo que he escrito, ello lo lee y me da sus sugerencias de revisión. Si no me queda mucho tiempo para completar un proyecto, ella investiga en línea la información para mí. Esto no solamente la ayuda a estar consciente de los proyectos en los que estoy trabajando, sino también nos permite estar juntos y trabajar en armonía como un equipo.

Tu cónyuge podría descubrir lo divertido que es ser una persona súper productiva y podría desarrollar una nueva chispa de interés trabajando contigo, tu negocio o profesión. Él o ella pueden empezar con poco. Por ejemplo, si necesitan a alguien que escuche tu presentación y ofrezca crítica constructiva acerca de la presentación, pídele a tu cónyuge de manera amable que haga el papel de un socio o cliente potencial.

Además, quizás tengas una reunión en un negocio de la localidad alguna tarde, al que tú y tu cónyuge puedan invitar potenciales clientes. Tu cónyuge quizás comience a disfrutar de tus socios y lo está haciendo más rápido de lo que tú pensabas. Dale una oportunidad a tu cónyuge. Él o ella quizás no se sienta bienvenido(a) en el campo porque tú solo has estado demasiado ocupado corriendo a actividades relacionadas con el negocio—sin sospechar que tu pareja se siente excluida, incluso descuidada, y desea que tú extiendas una invitación.

Cónyuges que trabajan juntos usualmente dicen que es lo mejor que han hecho para fortalecer y armonizar su matrimonio. Los obliga a batallar con problemas que ellos han ignorado antes—de otra manera, no podrían ser productivos juntos. Realmente entienden lo que el uno o el otro está atravesando todos los días, porque ambos tienen interés y están contribuyendo al éxito de su negocio. Tienen los mismos sueños y metas y están involucrados para vencer los mismos retos, los cuales también han servido para fortalecer su unión.

Una pareja, amigos míos, siempre dicen: «Nos casamos para estar juntos». A ellos simplemente les encanta trabajar el uno con el otro. Juntos, ellos trabajan en la oficina ubicada en su casa y viajan cuando es apropiado—felizmente mezclando trabajo y diversión a todos los lugares donde van. La productividad les corre por las venas de su cuerpo.

Cuando consideres maneras de pedir ayuda a tu cónyuge, piensa en las grandes oportunidades que van a tener de hacer más cosas juntos. Siéntete alentado, incluso si tu cónyuge no quiere involucrarse en tu trabajo en estos momentos. Lo más probable es que él o ella participe más adelante mientras tu ánimo incrementa. Quizá cuando tú cónyuge se dé cuenta cuánto te estás divirtiendo y que estás ganando dinero extra haciéndolo; esto podría ser un catalizador para que él/ella participe.

Como bono, incluso los niños pueden involucrarse, por ejemplo, contestando el teléfono o saludando a la gente en la puerta de una manera profesional y haciendo otras tareas de negocio o carrera apropiados.

La séptima idea para ayudar a tu cónyuge a vivir feliz... *Convierte la crítica en aprecio mutuo*

Hasta que no involucran a su cónyuge e hijos en su carrera o negocio, las personas súper productivas van a, por lo menos temporalmente, privar a su familia de algo de su tiempo y tal vez reciban críticas por parte de sus cónyuges por hacer eso.

Recuerda, sin embargo, que toda persona súper productiva eficiente, a largo plazo, proporciona muchos beneficios derivados del negocio para todos los miembros de su familia que otras personas no tienen el privilegio de recibir. Es bueno recordarle a tu cónyuge de dichos beneficios.

Por ejemplo, mientras que tu trabajo duro resulta en más beneficios financieros, los cuales, por supuesto, benefician a la familia, recuérdale a tu cónyuge acerca de ello. Además, agradécele a él o ella por el apoyo recibido en el proceso para lograr que eso fuera posible.

Nadie obtiene un viaje gratis en la vida—incluyendo los profesionales y personas de negocio. Al lograr más éxito en tu trabajo o negocio, probablemente vas a acumular más respeto de parte de tu familia. Para fomentar eso, asegúrate de mostrar correlación entre tu trabajo duro, tu visión para una vida mejor y tu habilidad de proveer. Es posible que ellos reclamen al inicio, pero sigue persistiendo en lo que tú sabes que tienes que hacer; cuando vengan las recompensas todos van a ser beneficiados.

La octava idea para ayudar a tu cónyuge a vivir feliz… *Coordina horarios*

Anteriormente mencioné que Rose y yo organizamos vacaciones anuales para nosotros durante el año, pero además programamos mucho más de manera coordinada.

Por ejemplo, si ella quiere viajar 350 millas a la casa de su padre por un fin de semana, yo planeo una fiesta para firmar libros en una librería cercana. Si ella quiere visitar amigas en una ciudad lejana, yo llevo mi cámara y trabajo en un artículo sobre celebridades en algún sitio conocido ahí. Rose y yo también coordinamos nuestros calendarios para que ninguno de los dos trabaje viernes o sábados por la noche. Vemos una película juntos o salimos a algún lugar a relajarnos.

Tú podrías hacer lo mismo. Por ejemplo, si tu esposa quiere tomar unas pequeñas vacaciones, sugiere que espere hasta que tú tengas que ir a alguna convención de negocios y la puedas llevar a ella o él contigo. Pónganse de acuerdo para que tu cónyuge se una contigo en la convención, si es permitido, y que disfrute de los lugares de interés turístico contigo durante tu tiempo libre o cuando ya haya finalizado. Entre más coordines tu horario con el de tu cónyuge, más vas a poder continuar tu trabajo—haciéndolo juntos al grado que tú puedas—y, si es posible, no estén separados.

La novena idea para ayudar a tu cónyuge a vivir feliz... *Ceder en ambos lados*

Mi madre solía decirme que la armonía en el matrimonio es un plan 60/40. Cada cónyuge da 60 por ciento de su tiempo y retiene 40 por ciento del tiempo. La primera vez que escuché eso, yo simplemente pensé que era un comentario lindo. Hoy en día, después de décadas de estar casado, me pregunto por qué estas palabras sagradas no están en la Biblia o en otros libros sagrados—¡realmente son verdad!

Tanto el cónyuge como la persona súper productiva (ojalá ambos lleguen a ser personas súper productivas) estarán mejor si desarrollan un amor maduro, el cual incluye, entre otros atributos, tolerancia, respeto, complacencia y aprecio el uno por el otro. Antes de comentar acerca de los hábitos, actitudes, comportamiento del uno o del otro, deben de hacer lo mejor para entender las razones que los motivan.

Concéntrense para llegar a una situación donde ambos ganen en lugar de criticarse y crear resentimiento y apartarse. Enfóquense en establecer alternativas en lugar de peleas. Enfóquense en fomentar paz en la familia por medio de resoluciones en lugar de incitar el debate que mantiene vivo el desacuerdo.

Pónganse de acuerdo en no estar de acuerdo en ciertos asuntos donde estar de acuerdo no es esencial para la armonía de la familia. Éxito en el trabajo o en el negocio no se debe de lograr a costa del fracaso en el hogar. Es grandioso ser una persona súper productiva—no permitas que nadie te diga que es de otra manera. Siempre haz tu mayor esfuerzo para ser comprensivo a las preocupaciones de tu familia, especialmente tu cónyuge. Conoce y comparte la razón y por qué estás trabajando y mantente enfocado y lo más balanceado posible.

Agotamiento y marginación conyugal son dos de las situaciones más comunes que pueden enfrentar las personas súper productivas, pero como lo acabamos de discutir, estas situaciones pueden evitarse por completo, o por lo menos, se pueden vencer en caso de enfrentarlas.

La súper productividad es la cura para los problemas si se desarrolla en una perspectiva apropiada de la vida, sueños y metas de alguien. Mientras que nuevos retos van a surgir para las personas súper productivas mientras persiguen sus objetivos, sirven como oportunidad para ellos, para su cónyuge y para el crecimiento de la familia. Deja que la súper productividad trabaje a tu favor al mantener su potencial dañino o sus efectos secundarios bajo control.

*Cuando estás trabajando
para cumplir tu visión
interior de quién
estás destinado a ser,
esforzándote para lograr tus
sueños, metas y objetivos—
con el propósito noble y
gratificante de extender
la mano y ayudar a los
demás—estás haciendo lo
correcto y trabajando por
las mejores razones.*

Aprovecha el Incentivo Natural

Di con confianza: «Yo puedo hacer cualquier cosa en la que encuentro valor y que me siento emocionado por hacerla. Mi entusiasmo y compromiso constante me impulsan a hacer lo que sea necesario».

Henry J. Káiser, el gran magnate de aluminio y acero, dijo: «Cuando tu trabajo habla por sí solo, no lo interrumpas».

Káiser obviamente sabía porqué algunos de nosotros elegimos ser personas súper productivas. Él entendió que el trabajo bien hecho ofrece recompensas sin medida, más allá de los reconocimientos. Que la recompensa era y sigue siendo una profunda satisfacción personal y un sentido de significado.

Sentirse bien por hacer un buen trabajo que

contribuye a la sociedad y hacer la diferencia provee un incentivo natural para trabajar duro y completar una tarea. Cuando trabajas para realizar tu visión interior de lo que estás destinado a ser y te esfuerzas para lograr tus sueños, metas y objetivos—con propósito noble y gratificante de extender la mano y ayudar a otros—estás haciendo lo correcto y trabajando por los mejores motivos.

Tú ahora has descubierto los múltiples beneficios de ser y cómo llegar a ser una persona súper productiva. Sin duda tú te has dado cuenta que aquellos que son consistentemente dedicados, pueden obtener libertad financiera, incrementar respeto, admiración, influencia y distinción; aumentando apoyo conyugal y financiero, unidad y armonía, así como también disfrutar del trabajo significativo.

Ciertamente vale la pena perseguir y tener todos estos beneficios, pero, de nuevo, palidecen en comparación con los mayores beneficios fundamentales de día a día de la satisfacción personal y la sensación de logros. No existe nada más placentero que disfrutar de lo que uno está haciendo y saberlo—sin que se lo digan a uno—que se ha hecho el trabajo de una manera excepcional.

Todos tenemos la responsabilidad ética y moral de

hacer nuestro trabajo al nivel más alto de excelencia posible. Muchos de nosotros hemos crecido escuchando a nuestros padres decir algo como esto: «Si vale la pena realizar un trabajo, vale la pena persistir en él hasta que lo hagamos bien». Como lo dice la Biblia… «Cualquier cosa que tu mano encuentre para hacer, hazlo con todas tus fuerzas».

Cuando nuestra actitud es correcta acerca del trabajo que estamos haciendo y nuestras acciones lo reflejan, nuestro trabajo está destinado a ser excepcional. Una actitud apropiada, cuando es habitual y alimentada por nuestros sueños, metas y objetivos, es un incentivo natural para una personas súper productiva.

¿Y qué hay de ti? ¿Tienes actitud de ganador? Si la tienes es algo de beneficio para ti. Comienza ahora diciendo con confianza: «Yo puedo hacer cualquier cosa en la que encuentre valor y por la cual me encuentre animado. Mi entusiasmo y compromiso constante me impulsa a hacer lo que sea necesario». Una actitud de fortaleza y confianza conduce a un comportamiento que también exhibe fuerza y confianza.

Cuando tú crees que ninguna cosa en lo absoluto te va a frustrar a hacer un trabajo excelente y tus acciones muestran esta creencia, entonces nada va a interferir más que, quizás temporalmente, con tus esfuerzos. Tú vas a ir alrededor, debajo, encima, o contra cualquier obstáculo que quizás esté amenazando para hacer que te detengas—y tú vas a eliminarlos a todos juntos. Tú vas a persistir, haciendo lo que sea necesario, hasta que el objetivo sea alcanzado.

Nunca dejes que tu actitud de ganador sea modificada u obstaculizada de ninguna manera, incluso si tu tarea parece abrumadora. No tener nada que hacer y nadie en quien confiar es incluso peor. Como lo dijo Charles Kingsley...

«Dale gracias a Dios por cada mañana cuando te levantes y tengas algo que hacer ese día que *debe* de ser hecho, ya sea que te guste o no. El sentirte forzado a trabajar y forzado a dar lo mejor de ti va a reproducir templanza y autocontrol, diligencia y fuerza de voluntad, alegría y contentamiento y un ciento de virtudes que la persona ociosa nunca va a conocer».

La actitud correcta te va a ayudar a lograr grandezas, a pesar de cualquier reto, revés o deficiencias que quizás tengas que enfrentar. Una vez yo entrevisté al cantante de música regional, Ronnie Milsap, quien nació ciego. Milsap compartió que su carrera como cantante y pianista fue una serie de desastres —un fracaso tras otro— durante los primeros años y luego una vez en Memphis, Tennessee, él tuvo la oportunidad de conocer al gran artista Ray Charles.

Milsap le dijo a Charles que él lo había emulado toda su vida. Él cantaba como él, tocaba como él y hacía sus presentaciones como él pero aun así, nunca había logrado el éxito. Luego Charles sorprendió a Milsap diciéndole que él pensaba que Ronnie tenía la actitud equivocada. «Yo llegue a tener éxito creyendo en mí mismo. Tú tienes que hacer lo mismo. Cambia tu actitud acerca de ti mismo».

Milsap prestó atención a las palabras de Ray Charles. Dejó de imitar los ritmos y el estilo blues de Charles y en lugar de hacerlo, comenzó a explorar la música country de su propia herencia. En el término de cuatro años, Milsap fue nominado por la Asociación de Música Country: «Premio Animador del Año». La confianza y la actitud correcta habían hecho la diferencia en la carrera de Ronnie Milsap.

Una vez yo escribí una serie de artículos acerca de un hombre llamado Pete Schlatter. Él había sido prácticamente lisiado por la polio cuando era niño. Debido a que no podía correr, saltar y escalar como lo hacían otros chicos, llegó a ser muy diestro con sus manos. La gente lo llamaba «reparador» y sus padres lo animaron a leer sobre motores, circuitos eléctricos y maquinaria.

Cuando era niño, a Pete le encantaba leer la tira cómica: «Smokey Stover». Smokey era un jefe de bomberos cómico que conducía en un auto maravilloso de dos llantas. Pete le dijo a sus padres y amigos que un día él iba a inventar un auto real que iba a correr y lucir exactamente como el de Smokey Stover. Todo el mundo se sonrió de manera condescendiente; algunos incluso trataron gentilmente de explicarle que era imposible que un auto corriera con dos llantas porque no podría balancearse por sí solo.

Pero cada vez que alguien lo reprendía por su sueño, Pete tenía más determinación para probar que él podía hacer el «imposible» auto de dos llantas. Incluso le escribió a William Holman, creador de la tira cómica «Smokey Stover», para ver si alguien más había tratado de inventar un auto de dos llantas. Holman le escribió y le dijo que en un período de 20 años, tres equipos de ingenieros habían tratado, pero habían fallado. Sin embargo, ni esto desanimó a Pete.

Por años y años, Pete Schlatter pasó su tiempo

libre tratando de inventar un auto de dos llantas que funcionara. Aunque él se convirtió en alguien exitoso como diseñador de maquinaria agrícola y experto en reparación de motores, él midió su propio éxito en la vida por lo cerca que estuvo cada año de inventar su proyecto que anhelaba: su auto de dos llantas.

Pete quería probarse algo a sí mismo. Su búsqueda interna, su sueño, lo ayudó a mantener esta actitud de confianza y le dio un incentivo natural de seguir hacia delante en su trabajo y nunca se dio por vencido.

Cuando Pete tenía 50 años, había desarrollado más de dos docenas de prototipos del auto de dos llantas y cada uno de éstos fracasó. Pete produjo un auto de dos llantas que fue casi perfecto. Pesaba solamente 850 libras, podía ir hasta 25 millas por hora, y podía usar 30 millas por galón de combustible. Su única falla era que cada vez que daba un fuerte giro, se caía hacia delante en su capó y el parachoques delantero.

«Naturalmente yo estaba desanimado», dijo Pete. «Estaba tan cerca, pero aun así, no suficientemente cerca. Para saber que yo había logrado mi objetivo, el auto debió haber funcionado perfectamente».

Pero luego, el éxito de Pete finalmente llegó. Como él lo explicó: «Uno de mis amigos me preguntó que si este último fracaso había "sacado el viento de mis velas" [me había desanimado]. ¡Bingo! Eso me dio una idea. Yo me fui rápidamente a mi garaje, puse llantas radiales grandes en mi pequeño auto y saqué un tercio de aire de cada una de ellas. Me metí, arranqué … ¡y el auto funcionó perfectamente! Las llantas con menos aire proveyeron la cantidad correcta de balance extra para que el auto se mantuviera en equilibrio, incluso cuando daba la vuelta».

El sueño de Pete se convirtió en realidad, haciéndolo famoso y financieramente independiente. Le llegaron órdenes para su pequeño auto de todos lados—los productores de películas lo querían para hacer escenas de dobles; los dueños de los campos de golf lo solicitaban para carretas únicas de golf y los payasos de rodeo los querían para hacer rutinas de comedia.

El auto de Pete apareció en la sección automotora de un periódico nacional de renombre (yo escribí la historia) y en numerosos periódicos y revistas especializadas. Fue mostrado a nivel nacional en exhibiciones de automóviles y se mostró en programas de noticias de televisión.

Pete ganó fama y dinero creando el auto de dos llantas, pero él te va a decir que ganó más que eso;

se dio cuenta de algo de mucho más valor: profunda satisfacción personal. Cada vez que Pete conduce su maravilloso auto de dos llantas en desfiles o se pone al lado en una exhibición de autos, experimenta una gran sensación de logro que solamente las personas súper productivas que han vencido todos los obstáculos pueden conocer.

Pete Schlatter inventó el auto de dos llantas … debido a que era importante para él saber que podía hacerlo. El fijó su propia meta y se convirtió en dueño de su propio destino y vivió a la altura de sus propios niveles altos. A través de todo, su actitud de ganador lo fortificó.

La actitud correcta también te puede ayudar a vencer cualquier desafío que otros piensan (o que tú mismo piensas) que tienes. La ceguera no paró a Ronnie Milsap; la polio no paró a Pete Schlatter; ser corto de estatura no detuvo a Napoleón; ser parcialmente calvo no detuvo al General Douglas MacArthur; tener una nariz grande no detuvo a Jimmy Durante; perder un ojo no detuvo a Moshe Dayan; ser tartamudo no detuvo a W. Somerset Maugham; no terminar la universidad no detuvo a Bill Gates de hacer sus propias e increíbles contribuciones a la sociedad. Todas las personas súper productivas se mantienen en el camino y nunca permiten que nada la detenga para perseguir sus sueños, metas y objetivos.

Como el ex presidente de US, Calvin Coolidge aconsejó: «Mantente firme. Nada en este mundo puede tomar el lugar de la perseverancia. El talento no lo hará ... la educación no lo hará. Sólo la persistencia y la determinación son omnipotentes».

Henry David Thoreau escribió: «Lo que la gente dice que no puedes hacer; trata tú y verás que sí puedes».

Y como dijo Mahatma Gandhi: «Con frecuencia, el hombre se convierte en lo que él mismo cree que es. Si yo continúo diciéndome que no puede hacer cierta cosa, es posible que termine realmente siendo incapaz de hacerlo. Por el contrario, si yo tengo la creencia de que puedo hacerlo, sin duda voy a adquirir la capacidad de hacerlo, incluso si no tengo esa capacidad al principio».

A través de los siglos, los filósofos e historiadores han notado que nada es tan valioso como un trabajador seguro, perseverante, orientado hacia las metas. Nosotros hemos visto cómo un enfoque positivo puede funcionar y fortalecernos física, mental y espiritualmente; y cómo nuestro buen trabajo puede proveer beneficios para muchos otros a quienes servimos. Saber todo esto nos da un incentivo natural para querer trabajar y hacerlo bien.

Las oportunidades para extender nuestras alas y volar son perennes y siempre estarán presentes. Determina, comenzando el día de hoy, que eres ahora una persona súper productiva dinámica y siempre creciendo; y observa con asombro cómo te elevas hacia las alturas. Las nubes que una vez te amenazaron se van a separar y volarás tan alto como ninguna águila ha volado. Pasa por estos portales hacia un nuevo reino de súper productividad y te convertirás en una criatura feliz y exitosa para el propósito por el que fuiste creada.

Referencias

Aging.org.

American Enterprise Institute President Arthur Brooks, "America and the Value of 'Earned Success,'" May 5, 2012 in The Wall Street Journal.

British Government Study: "Human Well-Being and In-Work Benefits," by Dorsett and Oswald, ssrn.com.

Center for Retirement Research, Boston College, http://crr.bc.edu/.

Fidelity Investments.

Dr. Brian Fikkert, co-author of When Helping Hurts, Professor of Economics and Founder and Executive Director of the Chalmers Center for Economic Development at Covenant College, January 14, 2014.

Ipsos/Reuters poll report of January 24, 2012.

Psychology Today article by Todd B.G. Kashdan, PhD, "Science Shows You Can

Die of Boredom, Literally," March 3, 2010.

Santa Clara University, John Ifcher, Professor of Economics.

Seligman, Dr. Martin, pursuit-of-happiness.org.

"Skip the Drive" report of February 15, 2014.

Social Security Administration, ssa.gov.

The New York, Times, John Tierney, "A New Gauge to See What's Beyond Happiness," May 16, 2011.

The Wall Street Journal, Laura Saunders, "Baby You're a Rich Man," December 28, 2012.

The Wall Street Journal, United Technologies Corporation (UT\C) inspirational advertisement, "Aim So High You'll Never Be Bored," that ran on the back page as part of a series in the early 1980s.

24/7 Wall St. article, "The Most (and Least) Satisfied Workers," April 7, 2013 as reported on NBCNews.com.